社会調査からみる
途上国開発

アジア6カ国の社会変容の実像

稲田十一
Inada Juichi

明石書店

# 社会調査からみる途上国開発
## アジア6ヵ国の社会変容の実像

[目 次]

# 序章
# 社会調査を通じてみる
# 途上国開発の現実

## 1. 途上国で進む社会変容

　冷戦終了後、世界経済のグローバル化はますます進展し、経済開放体制のもとでの開発途上地域の経済成長はめざましく、それにともない開発途上国の経済社会改革も急速に進展している。その社会変化や経済社会制度の変容は、一般に持たれているイメージをはるかに超えて急速に進展している。そうした急速な変化を、以前は「近代化」と呼ぶことが多かったが、近年では世界経済のグローバル化とか情報社会化とか、あるいは情報技術の発達によって地理的な距離が意味を持たなくなってきたことなどから、近代化を超えた「ポスト・モダン」の時代の到来ととらえる見方もある。もっとも、世界中とインターネット網などを通じて地理的距離を超えてつながるような「ポスト・モダン」の段階にはいったのは、マニラやバンコク、ジャカルタなど多国籍企業のビルが林立するごく一画だけであって、多くの開発途上国・地域はまだ多くの貧困層を抱え、多くの人々は依然として「近代化」のプロセスの途上にある。

　いずれにせよ、そうした急速な経済社会の変化は、世界中の開発途上地域で生じている現象であるが、本書ではアジアの国・地域に焦点をあてて、六つの事例をとりあげた。本書でとりあげたのは、こうした国々で近年進められてきた、農村の住民組織や農民組合の改革や新たな組織化、森林・環境保全のための住民主導の制度づくり、電力や通信など自立的な経営が可能な分野の民営化や規制緩和の進展などであり、そうした改革の中で変化する住民の生活の姿である。

途上国でさまざまな改革が進められていることは、日本では一般にあまり知られていない。近年の大きな国際的潮流を受けて進められている改革に際して、先進国を含めた国際的な成功モデルの経験や教訓が共有され、そうした改革の成功モデルを世界銀行などの国際機関が支援にあたって積極的に導入・促進してきたこともあって、その改革のレベルとスピードは驚くほどである。グローバルな近代化の波に洗われながら、伝統的な農村社会から急速に変化しつつある。日本などの先進国といわれる国々でも、地方分権化や住民参加の制度づくり、電力や通信分野の民営化や規制緩和などが進められているが、途上国の制度改革・社会変容のスピードは驚くほど早い。そうした状況のなかで、開発途上国から日本に対して、経済社会制度やガバナンス改革への支援が求められることも少なくないが、「日本の経験」と称して、日本の明治維新以来の近代化や第二次大戦後の改革の日本のモデルを提示することもあるものの、むしろ日本そのものが途上国で進んでいるさまざまな改革の経験に学ぶ必要があるのではないかとすら思われるほどである。

　その意味で、本書でとりあげる、ベトナムの社会的安全網の実態、南ミンダナオの環境保全と住民組織化、パキスタンの灌漑整備と農民組織化に向けた改革、スリランカの通信分野の民営化と通信革命などの事例は、世界で進みつつある社会制度改革の実態を知るうえで、日本の読者にとって、とても有益で参考になる事例であると考えられる。

## ２．アンケート調査の目的と意義

### （１）社会関係資本に関するアンケート調査

　社会調査は社会学、政治学、経済学、経営学、人類学をはじめ、社会に関連する学術的研究や企業のマーケティングなどにおいてよく用いられている一般的な手法である。社会調査には、大量のデータをとり社会の全体像を把握することを目的とする質問票などによる統計的なアンケート調査手法と、統計的調査に比べより少人数へのインタビューをもとに分析する事例的社会調査の２つに大別できる。統計的社会調査を量的調査、事例的

社会調査を質的調査ないし定性的調査と呼ぶこともある。ただし、後者には、インタビュー（面談・面接）調査のほか、内容分析、観察など多様な手法がある。

　筆者はもともと学際的な国際関係論や国際開発学の専門であり、社会学の概念や分析ツールを学んではいたものの、もともとは社会調査の専門というわけではない。途上国での統計的に有意な形でのアンケート調査を本格的に実施するようになったのは、10年ほど前から、JICA（国際協力機構）の事業評価に関わる中で、「受益者調査」を求められるようになってからである。JICAの第三者による事業事後評価では、アンケートによる援助事業の統計的なインパクト調査の実施を求められることがあり、こうしたJICAのODA（政府開発援助）の事業評価に関わる中で、アンケートをもとにした社会調査手法や統計的な手法の勉強をやり直した。

　また、その後、筆者の所属する専修大学で、比較的大きな資金規模の文部科学省・私立大学先進的研究基盤形成支援事業「持続的発展にむけての社会関係資本の多様な構築」調査研究がはじまり、2009年度から2013年度にかけて、東南アジア・東アジア各国（ベトナム、カンボジア、ラオス、タイ、韓国、台湾、中国）におけるいわゆる「社会関係資本（social capital）」について、統計的に有意な規模でのアンケート調査を各国で実施した。筆者はこの調査のカンボジアでの調査を担当し、また科学研究費を使って東ティモールでの社会関係資本に関するアンケート調査を追加的に実施した。

　「社会関係資本」とは、近年多くの研究者に使われる概念として広まっている。もともと政治学者である米国ロバート・パットナムは、その書『*Making Democracy Work*』で、社会関係資本を「社会的組織の諸特性、たとえばネットワーク、諸規範、信頼のように相互利益のために協同、協力を促進するもの」と定義しており、「人々の協調行動を促すことにより、その社会の効率を高める働きをする社会制度」と説明している。パットナムの社会関係資本についての研究は、その後、この概念に関する多くの研究や業績を生む契機となったといえよう（Patnum, 1993）。

　その後、世界銀行が『世界開発報告2000/2001——貧困との闘い』で、「社会関係資本と開発の関係」として、家族・地方コミュニティの役割に注目

し、マイクロファイナンス事業や農村地域開発事業における地方コミュニティ組織の活用や社会的排除の緩和を検討するに際して、この概念を援用した（世界銀行、2001）。そのため、開発援助機関をはじめ、開発援助コミュニティの間でも、社会関係資本の概念を使うことが広まった。たとえば、JICA も『ソーシャル・キャピタルと国際協力』の研究を実施し、この概念が開発援助事業の実施にどのような意味をもっているかという側面に焦点をあてながら、ソーシャル・キャピタルを、「当該社会・集団内もしくは社会・集団において、開発目標の達成にむけて必要な何らかの協調行動を起こすことに影響を与える社会的な諸要因」と定義している（国際協力機構、2002）。これは、パットナムの定義を援用したような形で、開発事業に関連する範囲で広いとらえ方をしたものといえよう。

　本章でとりあげる第1章のカンボジアの事例、および第2章でとりあげる東ティモールの事例は、カンボジアや東ティモールにおける社会関係資本の具体的な姿を、現地アンケート調査を通じて把握しようとしたものである。

## （2）ODA のインパクト評価としての受益者調査

　一方、10年ほど前から JICA の事業評価に関わることが多くなり、そうした中で、いくつかの開発途上国の援助の現場で、日本の援助の裨益地域を中心に統計的に有意な規模での「受益者調査」をたびたび実施するようになった。

　JICA は、さまざまな形で途上国の開発を支援している。円借款でインフラ建設・整備を支援する場合もあれば、専門家を派遣する技術協力であることもある。途上国の制度改革のための支援をすることも多い。

　JICA は事業効果の向上や事業の質の向上のために、「受益者調査」などを通じて、エビデンス（根拠・証拠）にもとづいてその援助の（直接的）効果とインパクト（経済社会などへの間接的影響）を確認する作業を推進し、その主要なツールとして「インパクト評価」を重視している。インパクト評価は、開発課題の改善・解決のために行われる施策や事業や開発モデルが対象となる社会に引き起こした変化を、統計学や社会調査の手法を用い

て検証する作業である。ODA評価は、日本における行政改革や事業仕分けの進展とともに急速に進展し、さまざまな手法が導入され、事例の蓄積も増えている。筆者にとって、JICA事業の第三者評価として、いくつかの途上国で住民を対象にこうしたアンケート調査による援助の開発効果や社会的インパクトを調査する機会を得られたことは幸いであった。

こうしたJICA事業の第三者事後評価の報告書は、JICAのホームページでも公開されている。しかし、途上国において統計的に有意な規模で実施したアンケート調査結果など、社会調査手法を使ったインパクト評価の詳細な成果はかならずしも報告書には掲載されていない。住民の生活実態のデータは援助評価とは直接の関係がないこともあり、またJICAは学問的用途のために世間に公表する組織的目的を必ずしも有していないためである。また、そうした途上国でのアンケート調査は、現地側の関係者の協力と調査作業実施のためにかなりの費用と時間がかかるため、なかなか実施することが困難であることもあって、規模の大きなアンケート調査をまとめた研究書も数少ない。しかし、こうしたアンケート調査の成果の公表は、たんなるODA評価手法や社会調査論といった分野を超えて、国際開発学の分野で研究調査の議論を刺激し質を高めるうえで、ニーズはきわめて高いと思われる。もちろん、JICAやJBIC（国際協力銀行）や外務省といった援助に関わる機関や、NGO・国連開発機関の関係者といった開発途上国に関わる実務家にとっても、きわめて有用であろう。

## 3. 途上国でのアンケート調査とその方法

### （1）統計的アンケート調査とインタビュー調査

途上国で現地調査をする場合、調査目的に関連する団体・組織や専門家、住民などに対してインタビューを実施することが通常である。途上国の研究をしている大学や研究所の研究者のみならず、途上国での開発や援助にかかわる多くの実務家や援助担当者、開発コンサルタントなども、同様の手法でこうした調査を実施することが多い。

しかしながら、途上国で数多くの住民・個人・団体に対して、少なから

ぬ数のサンプルを抽出して、住民の生活状況や社会意識の変化を把握するアンケート調査を行うことは、それほど容易ではない。途上国でこうしたアンケート調査を実施するには、アンケート票を現地の住民の間で使われている現地語で作成する必要があり、またその回答も現地語で読みとらなくてはならない。また、現地の住民に対するアンケートは、外国人によるインタビューでは住民に警戒心が働いてなかなか本音を話してくれないことも多いため、現地のスタッフにアンケートの実施やアンケート票の回収をゆだねざるを得ない。

　他方、こうした社会調査を客観的・中立的な立場で統計的に有意な規模で実施するには、社会調査法にある程度精通しているか、あるいは少なくとも経験のあることが望ましく、開発途上国でそうした経験をもつ専門家・研究者・スタッフを探すことは容易でない。また、そうしたある程度の規模のアンケート調査の実施には、それなりの費用がかかり、そのための予算を工面する必要がある。

　本書でとりあげている6つの社会調査（アンケート調査）の事例も、いずれもその調査のための費用は外部資金に依存している。第1章のカンボジアの調査では文部科学省の「私立大学戦略的研究基盤形成支援事業」の資金（大学と文部科学省の補助金が半々）がそもそものはじまりであり、その後のフォローアップ調査は文部科学省の科学研究費（基盤研究C）を使って実施した。東ティモールのケースでは文部科学省の科学研究費（個人の基盤研究C）と所属大学の個人研究費を活用して実施した。また、南ミンダナオ、パキスタン、スリランカのケースでは、JICA（調査実施時点ではJBIC）の第三者による事業評価の際に、援助の経済社会的インパクト等を把握するために実施した「受益者調査」で得られたデータの一部を活用しながら、アンケート調査の方法とその結果に焦点をあてて、途上国社会に与えるインパクトをJICA評価とは異なる視点で、報告書には記載されなかった部分を中心にまとめなおしたものである。

## （2）アンケート調査の手法
　近年、事業のインパクトを把握しようとするインパクト評価の手法に注

目が集まっている。ただし、インパクト評価の手法は確立しているわけではなく、また多様な手法がありうる。本書では、日本のODA事業評価と関連して実施したアンケート票にもとづく社会調査の事例として、第4章で南ミンダナオの住民組織、第5章でパキスタンの農民組織、第6章でスリランカの通信回線利用の世帯・企業といった、それぞれ異なる事例を取り上げた。また、章ごとに異なる手法で事業のインパクトを検証している。

こうした「受益者調査」の調査実施の手順は以下のようなものである。

①「受益者」を定義：事業対象地域で事業によって裨益する地域・住民の把握・特定。また、事業によって、便益が拡大した時期と、それ以前の時期とを比較する（事前－事後分析、before-after分析ともいう）、あるいは便益を受けた地域・住民と裨益対象とはならなかった地域・住民を比較する（ランダム化比較実験、RCTと呼ばれる）こともある。

②「母集団」の把握：調査の母集団として事業支援対象の便益を受ける地域・住民を選ぶ。サンプリングの母集団の選択にあたっては、現地事情や地域事情を熟知した事業カウンターパートや現地コンサルタント・専門家等の意見を参考に決定する。

③「標本」の抽出：上記母集団から統計的に有意な形でサンプリングをする。たとえば、いくつかの異なる属性を持つ人々を複数選択し、それぞれの母集団の中からランダム・サンプリングにより抽出を行うことが考えられる（層化抽出法）。

④「サンプル・サイズ」の決定：上記の「標本」の考えにもとづき、1カ所につき可能なかぎり多くの（通常少なくとも100以上）のサンプルを抽出し、統計的に有意な水準を確保する努力をする。

⑤「質問票」の作成・決定：案件毎の裨益の状況を勘案し適切な質問票を作成する。質問票の内容については、調査チームでまず案を作成し、現地コンサルタントのコメントや小規模のプリテスト（予備調査）を経て内容を確定させる。

⑥質問方法：現地コンサルタントと相談し最も適切な方法を選択する（質問票配布、直接インタビューなどの手法）。代表的あるいは興味深い受益者・団体のいくつかについては、可能なかぎり、直接インタビューによってよ

り詳細な情報を得る方法も併用する。

　また、受益者インタビューの方法としては、通常、次のようないくつかのやり方がある。

　①フィールド・インタビュー：これは現地に行って直接対象者にインタビューをする形である。この方法のメリットは、対象者の詳細な回答や見解を得ることができる点である。しかし、次のようなデメリットがある。（ａ）地域が拡散している場合、対象者に会うために、大きなコスト（金銭的・時間的）がかかる。（ｂ）訪問した時点で対象者が不在である可能性も高い。

　②質問票の郵送・回収：この方法はコストは安くなるが、回答率がかなり低くなる可能性がある。また、回答に際して趣旨を明確化するための追加説明ができないため、誤解が生じやすい。

　③電話インタビュー（ないしインターネットを通じたインタビュー）：この方法には、次のようないくつかのメリットがある。（ａ）対象者に容易にアクセスできるのでコスト（金銭的・時間的）が大幅に少なくて済む。また、対象地域・対象者の居住場所が広範囲に及ぶ際に、より容易にまた迅速にデータ収集ができる。（ｂ）最初の電話で不在の場合でも電話をかけなおすことによってコンタクトでき、より統計的に正確なインタビューができる。（ｃ）電話でのやりとりを通じて情報をより正確に（場合によっては詳細に）得ることができる。最近では、パソコンの普及によってインターネット経由でのアンケート調査が可能になってきているが、この方法はパソコンをもたない貧困層の多い途上国では有効ではない。

　本書でとりあげた事例では、第１章（カンボジア）と第２章（東ティモール）の社会関係資本に関するアンケート調査の事例、および第４章（南ミンダナオ）と第５章（パキスタン）の援助事業のインパクト評価の事例では、現地コンサルタントに委託して①のフィールド・インタビューの手法をとった。第６章のスリランカの事例のみ、それが通信分野の事業のインパクト評価であることから、③の電話インタビューの手法を併用した。電話通信事業の評価なので、裨益者は電話を持っていることが前提であり、大量の回答を得るうえで効果的な手法であると考えられたためである。そのうえで、可能なかぎり多くの世帯や企業に対する直接インタビューを実施

した。

### （3）「事前－事後分析」と「with-without 分析」

　社会変化や住民生活の変化、あるいはある事業が経済社会に及ぼす影響を把握し分析することを「インパクト評価」と呼ぶ。そのための方法として、個人・企業・コミュニティなどの主体がプロジェクトを受けた場合と受けなかった場合の比較を行い、調べたい結果の指標（所得、資産、教育指標など）にどの程度の差が生じているかを計測することが通常行われる。その手法として基本的なものは、何らかのインプットがある前の状況とその後の状況を比較する「事前－事後分析（before-after 分析）」である。もう一つは、インプットがあった対象地域・対象者とインプットのなかった非対象地域・非対象者を比較する「with-without 分析」である。また、両者を併用ないし折衷することもよくある。本書でも、第4章のフィリピン（南ミンダナオ）の事例では住民組織の所得について、第5章のパキスタンの事例では灌漑施設整備による農業生産の変化などについて、また第6章（スリランカ）の事例では電話網整備のインパクトについて、こうした手法を使っている。

　ただし、こうした手法でプロジェクト（何らかのインプット）の効果を厳密に測ることは現実には困難なことが多い。その最大の理由は、そのプロジェクトによる特定のインプット以外の要因によって変化が生じていることが現実には多いからである。たとえば、灌漑施設の整備によってその対象地域の農業生産が拡大したことが数量的に検証されても（事前－事後分析）、その理由は灌漑施設の整備だけでなく農業生産技術の向上や天候に恵まれたことなどもありえる。また、支援対象地域と支援対象地域周辺の非支援地域と比較することによってその差が見いだされても（すなわちwith-without 分析）、もともとある地域差（水に恵まれているとか土質が良いとか）が影響している可能性もある。従って、プロジェクトのインパクトを測るこうした手法には限界もあるが、インパクトに影響を与える他の要因やもともとある地域差についての情報などを入手し確認することによって、より客観的に分析する努力が必要である。

また、インパクトを評価する際に、対象地域や対象者すべてをとりあげてアンケート調査や数値入手の対象にすることは実際には難しいため、限定数のサンプルを抽出することが行われる。その際にはランダム・サンプリングや層化抽出法を併用したサンプリング（対象者をいくつかの属性・カテゴリーに分けてそれぞれの中からランダム・サンプリングをする方法）などを併用することも行われる。本書でも、第1章（カンボジア）、第2章（東ティモール）のアンケート対象村での調査ではこうしたサンプリング方法を採用しており、また第4章（南ミンダナオ）のアンケート調査の対象とした住民組織およびその中の世帯の抽出、第5章（パキスタン）での二つの農民組織のアンケート対象世帯の抽出、第6章（スリランカ）での5つの地域でのアンケート対象企業・世帯の抽出では、こうした手法を使った。また、第4章（南ミンダナオ）の調査では組合活動に参加した世帯とそうでない世帯の比較、第6章では電話網整備の対象となった地域とそうでない地域との比較を行った。すなわち「with-without 分析」を「事前－事後分析」とともに併用した。

## 4. 本書の目的と構成

### （1）本書の内容と目的

　本書は、筆者がこれまでに開発途上国で実施したいくつかの現地調査の経験を、特に詳細なアンケート調査やインタビュー調査を実施した国々の事例をとりあげてまとめたものである。こうした途上国でのアンケートを主体とした社会調査の経験は、途上国の社会の現実の姿を知るうえで、また、社会変容を統計的な手法でとらえたり、インパクト評価の科学的手法に習熟するうえで、とても有益であった。

　本書の後半の第4章から第6章までの南ミンダナオ、パキスタン、スリランカの三つの調査事例は、もともとはODA事業評価の一環として実施したものであり、当時のJBICのODAプロジェクトの事業評価を通じて実施した受益者調査が主たる情報源となっている。受益者調査は、日本のODAが現地の社会に与えた影響やインパクトを、詳細な社会調査を通じ

て明らかにするものであるが、これらの章は日本の ODA 事業やその評価を知ってもらうことを目的としているわけではない。社会調査の経験を通じて知り得た、途上国で進んでいる経済社会の変化や社会制度の改革の実態を紹介し、途上国の社会の実態への理解を深めること、また外部からの援助や制度改革支援がもたらす途上国への経済社会的なインパクトとそれをどう把握するかの方法論について、実例をあげて紹介することを意図して、新たに分析・検証し直したものである。

　開発援助研究の深化のために、こうしたアンケート・インタビュー調査の成果は、途上国での社会調査の事例研究として、開発援助評価に関わる専門家のみならず、開発研究を志す大学生・大学院生や開発援助に関心をもつ一般社会人にも、広く公開されるべきものであろう。

### （2）本書の構成

　本書の 6 章にわたる六つの事例は、いずれもアジアの国をありあげているが、対象となる国が異なるだけでなく、分野も調査手法も章ごとに異なる。以下で、それら六つの事例の分野と調査手法を一覧表の形でまとめておこう。

　全体として、国も分野も異なり、調査手法も事例によって異なるが、住民へのアンケート調査や直接インタビューを通して、それぞれの国・地域・村（カンボジアではコミューン、東ティモールではスコ、フィリピンではバランガイなど）の住民生活の実態を把握しようとしている点では共通している。アンケートのサンプル数が統計的に有意な水準には達していない事例もあり、必ずしも統計的な意味での厳密な手法を重視しているわけではなく、むしろ、いずれの事例でも、住民への質的なヒアリング調査を重視して分析を進めている。

　また、各章の内容も、後半部分は、アンケート調査やインタビュー調査の概要とそこからえられる知見についてのやや細かい説明となっているが、各章の前半部分は、各国の政治社会変化の歴史的プロセスや経済社会状況の概要説明となっている。そうした各国の政治経済社会の背景説明は、調査対象になった村の置かれた状況を知る上で有益ではあるが、アンケート

**各章で取り扱う国と分野・調査対象地域・調査手法の一覧**

| 国・地域 | 分野 | 調査対象地域 | 調査手法 |
|---|---|---|---|
| 1．カンボジア | 社会関係資本 | 都市近郊と農村の二つのコミュニティ | 1コミュニティあたり200サンプル・合計400サンプルのアンケート調査＋直接インタビュー |
| 2．東ティモール | 社会関係資本 | 三つの県の六つの村（Suco） | 1村あたり30-50サンプル・合計250サンプルのアンケート調査＋直接インタビュー |
| 3．ベトナム | 社会的安全網 | 南北二つ（紅河デルタとメコンデルタ）のコミューン | 二つのコミューンの世帯への直接インタビュー |
| 4．フィリピン（ミンダナオ） | 環境保全、生計向上 | 南ミンダナオの17の住民組織（PO） | 各PO毎に5世帯・合計85世帯（及び非加盟世帯17）のアンケート調査＋直接インタビュー |
| 5．パキスタン | 灌漑・排水路整備、参加型灌漑管理 | パンジャブ州の二つの農民組織（FO） | 二つのFOに対しFOごとに103・合計206のアンケート調査＋FO幹部への直接インタビュー |
| 6．スリランカ | 電話通信網整備、通信アクセスのインパクト | コロンボ首都圏の五つの地域の世帯・企業 | 1地域あたり250サンプル・合計1250サンプルの（電話）アンケート調査＋代表的世帯・企業への直接インタビュー |

（注）筆者作成

調査を社会調査事例として紹介するだけであれば、そうした背景状況の記述なくしても説明することは可能である。本書は、単にアンケート調査手法の事例紹介のみを意図したわけではなく、各国で生じている社会変容の実態を読者に紹介するという意図をも有しているため、あえて各章の前半部分と後半部分とでは焦点の異なった節の構成としていることをご了解頂きたい。また、学問的な論文の形式にはこだわらず、現地の農民や世帯や企業の具体的な姿を読者にイメージしてもらうために、現地で筆者が撮影した写真を数多く掲載した。

　こうした試みが成功したかどうかは、読者の判断にゆだねるしかないが、具体的なアンケート調査やインタビューの内容分析、比較的豊富な現地の写真の掲載などを通じて、急速に変容しつつある開発途上国地域の現実の姿を読者に伝えることができれば幸いである。

［参考文献］

Baker, Judy（2000），*Evaluating the Impact of Development Projects on Poverty: A Handbook for Practitioners*, The World Bank.

Bamberger, Michael, Nobuko Fujita（2008），*Impact Evaluation of Development Assistance: A Practical Handbook（edition 2）*, FASID.

Feinstein, Osvaldo, Robert Picciotto（eds.）（2001），*Evaluation and Poverty Reduction*,（World Bank Series on Evaluation and Development）, The World Bank.

Putnam, Robert（1993），*Making Democracy Work: Civic Traditions in Modern Italy*, Princeton University Press.


青山和佳・受田宏之・小林誉明編『開発援助がつくる社会生活──現場からのプロジェクト診断』大学教育出版、2010 年

伊藤公一朗『データ分析の力──因果関係に迫る思考法』光文社、2017 年

岸政彦・石岡丈昇・丸山里美『質的社会調査の方法──他者の合理性の理解社会学』有斐閣、2016 年

久米郁男『原因を推論する──政治分析方法論のすすめ』有斐閣、2013 年

国際協力機構（国際協力総合研修所）『ソーシャル・キャピタルと国際協力──持続する成果を目指して』2002 年

国際協力機構（評価部）『事後評価レファレンス』（2015 年度外部評価版）、2015 年

佐原隆幸・徳永達己『国際協力アクティブ・ラーニング──ワークでつかむグローバルキャリア』弘文堂、2016 年

世界銀行編『世界開発報告 2000/2001──貧困との闘い』2001 年

土田昭司・山川栄樹『新・社会調査のためのデータ分析入門──実証科学への招待』有斐閣、2011 年

松原望・松本渉『Excel ではじめる社会調査データ分析』丸善出版、2011 年

# 第1章
# カンボジアの近代化と社会関係資本

## はじめに

　本章では、カンボジアのこれまでの歴史に関する既存のさまざまな議論の蓄積をふまえながら、近代化のプロセスや近年の国際化・グローバル化の進展の中でカンボジアが伝統的社会からどのように変化してきたかについて、アンケート調査をもとに具体的に把握することを目指す。

　カンボジアの社会変容についての一定の仮説を立てながら、統計的に有意な規模でのアンケート調査を実施して、その結果がその仮説とどのように整合しているのか、あるいは新しい知見をみいだせるのかを検討する、といった方法をとった。アンケート調査の回収データからだけでは統計的に導き出せることは限定されるため、可能な限りその背後にあるカンボジアの社会的状況について、どのような解釈を加えればより深く理解できるのかという視点を重視している。特に、第2節で、カンボジアの都市近郊と農村の対照的な二つのコミュニティで実施したアンケート調査および現地ヒアリングにもとづいて、その両者を比較検討することによって得られる知見のいくつかを整理した。

## 第1節　カンボジアの近代化と社会変容

### （1）カンボジアの社会構造の歴史的背景

　さて、カンボジアとはどのような社会構造をもつ国なのであろうか。どんな国であっても、これまでの長い歴史の中で重層的な「近代化」の努力を行ってきており、それにともなう社会的変化が生じてきている。カンボ

ジアは、アンコールワットに象徴されるクメール王朝の長い歴史を持ち、フランス植民地化およびそれに続く王国としての独立後の近代化の努力、1970年代以降の政治的混乱と社会主義政権の樹立、そして1992年以降の新しい国づくりと近年の国際化の進展の中で、その社会は大きく変化してきたと考えられ、こうした社会変化をとらえる対象としてとても興味深い国である。

　大雑把にとらえると、次のような三つの段階を経ているのではないかというのが、とりあえずの仮説である。

　①クメール王朝以来の伝統的社会制度——この時期に形成されたカンボジアに特徴的な社会関係資本とはどのようなものであろうか。これまでの文献にもとづけば、キーワードは、地縁・血縁の重要性、派閥・縁故主義の広がり、階層的社会の存在、といったものである。

　②フランス植民地時代から独立国家建設に至る近代化——フランスによる植民地化は、カンボジアにある種の近代的制度を持ち込むものであり、その後の王国としての独立と国づくりは、その延長上で、国家としての近代化を進めるものであった。いわば「上からの近代化」の時代ともいえよう。

　③国際化・グローバル化の波の中での市民社会形成に向けた変化——1970年代の政治的混乱、とりわけポル・ポト政権下の既存社会の徹底的な破壊の影響はきわめて大きいと考えられるが、1992年の国連暫定統治と1993年以降の新たな政権による新しい国家づくりは、国際社会の関与のもとで民主的な制度と市民社会の育成を目指すものであった。それがカンボジアの社会関係資本にどのように反映されているのかは興味深い論点である。キーワードは、民主化・市民社会、あるいは市場化・情報化といったものであろう。

　そもそも、カンボジアにおける伝統社会とはどういう社会システムなのか。そしてカンボジアの近代性とはどのようなものなのか。両概念をカンボジアの事例からどのように説明できるのか。両者がどのように混合しているのか。カンボジアの近代化と欧米型の近代化を同一視することが妥当なのか。また、より具体的な検討テーマとして、伝統的農村共同体を再編し、開発を押し進めようとしている人民党による政治が地方に及ぼしてい

る影響についても、そうした作業を通じて検討したい。

## （2）カンボジアの伝統的社会関係資本

さて、カンボジアにおける伝統的な社会関係資本とはどのようなものととらえることが適当なのであろうか。

本章では、植民地になる以前のカンボジア社会を「伝統」とするが、一般的に伝統社会とは村落共同体のことである。カンボジアにおいては、伝統的共同体は王国に組み込まれていたが、8世紀から14世紀頃に存在したアンコール王朝は、今日的なヨーロッパを起源とした王制や主権国家とは異なる。その一方で、カンボジアの伝統的社会には、ある種の社会階級も存在し、氏族間の相続争いや、土着文化や精神的価値にもとづく判断や決定、世襲的身分、統治体系というものは、ヨーロッパの市民社会とは明らかに異なるものの、「国家」や「社会」としての形態を備えていたともされる。

カンボジア社会において、家族の結びつきの重みを指摘する論者は多い。たとえば、カンボジアの伝統的社会を現地調査にもとづいて分析したグラーンは、「信頼は主に血族に基づいており、最も親密な関係による小さなグループに限定されている（筆者訳）」（Grahn, 2006）としており、またNGOとしてカンボジアに長く関わったピアソンは、「他のアジアの諸社会と同じく、地方では家族がすべての社会的組織の原型であり、人は個人である以上に家族の一員である（筆者訳）」としている（Pearson, 2011）。また、UNICEF（国連児童基金）の報告書でも「家族は、信頼が生まれ、それが守られる基礎的な社会的単位である。信頼は家族にのみ限定され、家族は常に最優先である（筆者訳）」（UNICEF, 1996）と指摘していた。また、カンボジア研究者である天川は、クメール社会は階層的な社会、すなわち「パトロン・クライエント関係という主従関係によって上下方向に連鎖的に形成されている社会」であると指摘している（天川、2001）。派閥主義・縁故主義はカンボジアの伝統的政治風土といわれるゆえんである。

## （3）植民地化で導入された近代性

　カンボジアがフランスの植民地に組み込まれていくのは 19 世紀半ばである。当時のカンボジアの王ノロドムがタイ・ベトナムからの侵略を回避するためフランスに保護を要請し、1863 年にフランスとカンボジア王との間で保護条約が結ばれた。また、1887 年には、フランスはアンナン、トンキン、コーチシナ、カンボジアを統合し、仏領インドシナ連邦をつくった。

　「近代性」とは、国際関係論の一般的な議論や西洋史の古典的な意味では、1648 年のウェストファリア条約以降にヨーロッパに成立した国民国家を中心とするシステムや、市民革命を経て資本主義と産業革命を牽引する市民社会を意味する。インドシナの伝統社会に、こうした資本主義経済システムと国家としての政治体制を、意図はともかく結果として導入したのがフランスによる植民地体制だった。

　カンボジアの伝統的な文化様式は、近代資本主義には弊害ともなり、たとえば、プランテーション（大規模農園）で働く労働者を生み出すために、村の伝統的儀式や身分制から人々を引き離す必要があった。また、植民地の直接統治において、カンボジア人（あるいはベトナム人）の中に植民地行政を担うエリートを養成する必要もあり、フランス語を話すことが条件となったが、他方で、伝統的首長を行政の末端組織の長に任命することで、人々の反発を防止・抑制することも行われた。また、フランスにより保護国化される以前、土地はすべて国王の土地とされていたが、フランスの支配下に入ってからは、1920 年のフランス民法にもとづき、私的所有権制度が導入され、独立後も同じ制度が引き継がれた。


## （4）独立後の近代国家建設と混乱

　カンボジアが独立を回復したのは 1953 年である。1954 年のベトナム北部におけるディエンビエンフーの戦いでフランス軍が敗れた後、カンボジアはジュネーブ協定により、シアヌーク国王のもとで実質的にも国家としての統一性を回復した。

　独立後、カンボジアの国家エリートの中には、国家建設と経済開発のた

め農民を近代化しようとする動きがあった一方で、伝統的な村落共同体の首長や宗教権威と妥協し、氏族・血族や政治勢力の結束を重視して国家を運営しようとする動きもあった。伝統と近代化の狭間で、近代化から取り残される多くの農民が存在する一方、共産主義勢力や親米的なエリート（特に軍人エリート）集団など、さまざまな集団が新たな政治集団としてカンボジアの伝統的国王・貴族（王党）の社会勢力以外に形成されていった。

　ベトナム戦争の時期に、カンボジアにおいても軍事政権の樹立とクーデターがくりかえされ、政治が不安定化し、そうした状況下で共産主義勢力が台頭し、結果的に、原始共産制と農村改革を掲げたポル・ポト政権が登場することになった。よく知られているように、1975-79年のポル・ポト政権下で、それまでのカンボジアの社会制度の多くが破壊されることになる。

　内戦がカンボジアの社会関係資本に与えた影響については、以下のような指摘がある。たとえば、「内戦後のカンボジアにおいて、信頼は社会における失われたた要素とみなされてきた」、「今日のカンボジア社会は、誰も完全に信じることはできず、自ら処することが生き延びるために重要だ（筆者訳）」（UNICEF, 1996）、「伝統的な社会的価値、例えば家族や宗教の意識は体系的に掘り崩されてきた（筆者訳）」（Pellini, 2005）、といったものである。すなわち、内戦によって他者への信頼が欠如するようになった、との指摘である。

　なお、1970年に始まる内戦とその後のポル・ポト政権による支配がどのような変化を地域社会にもたらし、そこに生きる人々がその変化にいかに対処してきたのかを具体的にとらえた研究のひとつとして、コンポントム州の村でのフィールドワークによって明らかにしようとした小林知の業績がある。小林によれば、「ポル・ポト政権は、旧来の社会を構成した制度と組織を全面的に破壊」したが、「その試みが、すべての人びとの身体のなかの経験や知識を入れ替える事態にはならなかった」と述べている（小林、2011）。

## （5）グローバル化の中の経済発展
　カンボジアは、内戦をへて1991年にパリ和平協定が締結され、新たな

図1　カンボジアのGDP成長率の推移（1994-2015）　　　　　　（単位：％）

（注）カンボジア計画省統計局データより作成。

国づくりのプロセスが始まった。国連暫定統治を経た1993年以降のカンボジアの経済発展と安定化は顕著であり、今やカンボジアは紛争後（ポストコンフリクト）国という段階はすぎ、持続的な開発段階に入っている。

　パリ和平合意が締結された1991年から今日までのカンボジアの歴史をみると、しだいに政治的安定を達成し、国際社会とのつながりの中で、着実な経済発展を実現してきた。

　カンボジアのGDP成長率をみると、1994年以降着実な経済発展をとげ、特に1999年以降2007年までは平均年10％程度の成長を達成してきた。2008年夏に勃発した国際金融危機直後はGDP成長率が鈍化しているが、2010年には回復し、その後も着実な経済成長を持続している（図1）。農業生産の安定な伸び、縫製業の拡大、アンコールワットに代表される観光業の伸びなどが寄与しているものと考えられる。2000年代後半以降は、カンボジアに対する海外からの投資が拡大し、カンボジアはグローバル化した世界経済の中で着実な経済発展をとげるようになっている。

　後述するカンボジアで実施したアンケート調査の中で、近年の着実な経済発展を伺わせるデータは少なくない。その代表的な指標は所得水準である。一世帯あたりの平均所得は、アンケートであるがゆえにどこまで正確であるかは定かではなく、おそらく実態より少なめに回答している可能性が高いが、農村コミューンで平均年収は1,780ドル、都市近郊コミューンで3,060ドルであった。

　図2は、カンボジアの一人あたりGDP（公表値）の推移である。公表数

図2　カンボジアの一人あたり GDP の推移　　　　　　（単位：米ドル／年）

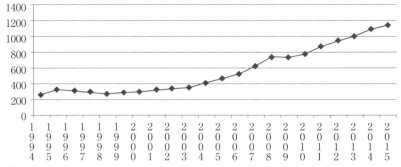

（注）International Monetary Fund, *World Economic Outlook Database*, 2016.

値は実態よりもかなり低いと考えられ、実際、アンケート結果の所得数値は実態よりも少ないと考えられるにもかかわらず、公表統計の数値よりもかなり高い。それでも、図2にみられるように、パリ和平合意後に新政権が樹立された1993年から2002年までの10年間の一人あたり所得は停滞し、世界の最貧国の一つであり続けた。しかし、2003年以降は着実な発展をとげ、2013年には1,000ドルの大台を超え、世界銀行の基準によれば低所得国から脱却し（低位）中所得国への仲間入りを果たしている。

### （6）人民党を中心とする支配体制の強化

　1970年代後半のクメール・ルージュ（ポル・ポト派）による大虐殺、1978年末のベトナム軍のカンボジア侵攻とその後のヘン・サムリン政権時代には、カンボジアは国際的に孤立し、経済的にもきわめて困窮した状況にあった。その後、1990年代初頭の国連暫定統治をへて、1993年に選挙を通じて新しい政権が成立したのちに、新しい国づくりのプロセスが始まった。

　1993-94年頃は、人民党（Cambodia People's Party：CPP）とフンシンペック（Front uni national pour un Cambodge indépendant, neutre, pacifique et coopératif）党が連立政権を組み、選挙にも参加しなかったポル・ポト派の組織力は急速に低下するが一部地域で依然として強力であった。1997年頃にはポル・ポトの残存勢力は一掃され、他方、人民党とフンシンペック

2013年に建てられた人民党の選挙看板

救国党事務所前に張られた横断幕（2016年）

党との武力衝突により人民党の影響力が高まるが、両者の対抗関係は依然存在し、第3党としてのサム・ランシー党も一定の組織力をもち、同党は労働運動を支援していた。2003-04年になっても、人民党とフンシンペック党の2大政党の対抗関係は依然継続するも、地方では人民党の組織が強く、2002年以降の地方分権化は人民党の影響力強化の意味合いももち、2005年の上院選挙の実施も人民党主導となった。

人民党の党員数は、1993年の選挙以降の20年間に急速に拡大し、党員組織率は2008年で人口の約36％、有権者の約59％に達したとされる。こうした圧倒的な組織率の拡大により、人民党に入党しなければ不利益を被る社会構造になってきたとされる（山田、2011）。こうした人民党の地方支配の構図は、2012年に実施した調査で訪問したシェムリアップ近郊のワット・ダムナック（Wat Damnak）村でもみることができた。

ところが、2013年の選挙では、サム・ランシー党と人権党が統合してできたカンボジア救国党（Cambodia Rescue Party: CRP）が、予想以上に健闘し、全123議席のうち56議席を獲得し、67議席をとった人民党につぐ第2党となった。政府の強引な開発事業の進め方や蔓延する汚職や腐敗など、人民党による支配の負の側面に対する人々の批判票を救国党が集め

たとされている。他方で、多くの国民は人民党の党員となっているが、実際の投票では他の政党に投票することは可能であるということを示している。こうした選挙結果が出るということは、自由選挙・自由投票が守られているという証左でもある。

　その一方で、人民党による反政府的な政治家への締めつけも行われており、20人以上の野党の政治指導者が審議の定かでない罪状により刑務所に入れられ政治活動を封じられているという状況にある。救国党はこれら政治家の釈放を求めており、前頁下段の写真は、プレイベン（Prey Veng）州の救国党支部の事務所の前に掲げられた、「すべての良心の囚人を解放せよ」という横断幕である。

## （7）市民社会組織の拡大

　その一方、1992年以降、多数のメディアが発生し、海外からの援助と連携して多数のNGOが発足した。たとえば、1990年に「カンボジア協力委員会（CCC）」が設立され、NGOの情報交換、政府・国際機関等との意見調整を担った。その後も、国民の関心分野での市民組織やNGOの参加が拡大し、メディアは依然未発達だがその自由度は拡大しており、政府の市民社会との対話も、過去20年間の趨勢としては徐々に進展してきた（CDRI, 2013）。もっとも、土地問題などでの政府の一方的な進め方が批判され、2003-04年頃になると、NGOの役割が草の根の援助実施からアドボカシー（権利擁護）にしだいに重点が移行し、政府に対する批判勢力としての意味合いが増大してきている。

　マスメディアの報道は、これまでは比較的自由であり、ベトナムやシンガポールよりも自由であるともいえる。いくつかの大手の新聞社もあり、たとえば「プノンペン・ポスト」誌は2016年時点で約25,000部の新聞を販売し、オンラインでも読まれている。フェイスブック利用者は約350万人いるといわれている[1]。

　他方で、インフォーマルな地域の金銭の貸し手や、マイクロ・ファイナンスの制度が果たす役割が増大しているとされる。特に農村地域では、地域の金銭の貸し手（マイクロ・ファイナンス銀行等）は、その地域の人々が

ACLEDA 銀行の支店（プノンペン郊外）

OXFAM が支援する農村の互助組合活動

日々の生活の中で困難に直面するとき、彼らに融資を提供するのに、より活発な役割を果たしているとされる。

1993 年に UNDP（国連開発計画）などの支援によって設立された ACLEDA は、当初は農民・女性や小規模ビジネスにマイクロ・ファイナンスを供与する NGO であったが、今日ではカンボジア最大の民間金融機関となっており、主要な町には必ずといっていいほど支店を有して業務を行っている。その一方で、OXFAM（Cambodia）のように、女性のエンパワメントに焦点をあてながら、いくつかの農村コミュニティで互助的な組合組織づくりを進めている NGO も引き続き存在する[2]。

## 第2節　カンボジアの都市と農村の比較分析

　カンボジアのアンケート調査の目的は、要するに、重層的な社会変化の歴史の中でのカンボジアの社会関係資本の変化とその実態を、アンケート調査の結果の中から抽出できないかということであった。そのために、後述するように、現地調査対象として都市近郊と農村の2カ所を選んだ。その理由は、カンボジア社会の中に伝統と近代性といった二重性がどのように存在し、都市近郊と農村とではそれがどのように異なるのか、あるいは共通しているのかといった点に関する実態を、典型的な都市近郊と農村の

コミュニティを比較することによって把握することができるのではないかと考えたからである。

## （1）二つの比較対象コミューンの概要

　前節で述べたように、アンケート調査を通じて浮き彫りにしたい主要な点は、伝統的な社会関係資本あるいは伝統的カンボジアと、近代的な社会関係資本あるいは近代的カンボジアを対比することであった。それをアンケート調査で浮かび上がらせるために、両者の特徴を代表するような2カ所の母集団を選ぶ必要がある。

　母集団として抽出したのは、近代化された都市部地域としては、アンコールワットの近くのシェムリアップ近郊のコミューンの一つのワット・ダムナック村（Wat Damnak）であり、農村地域としてはプノンペンから南東部に行ったコミューンの一つのバ・バオン村（Ba Baong）を選択した。「コミューン」とはカンボジアの地方行政区の末端組織の一つで、この下にはさらにいくつかの村がある。これらのコミューンに関しては、アンケート調査の委託先であるCDRI（Cambodia Development Resource Institute：カンボジア開発資源研究所）が、関連研究となる貧困調査と生活調査を、2001年、2004-2005年、2008-2009年の数回にわけてすでに実施している。この地域を選択するメリットの一つとして、こうした先行データをみることで生活状況調査の時系列変化をある程度推察可能であることがあげられる。

　この二つのコミューンの村の場所を地図上で示したのが、図3である。図3は、人口密度であらわしたカンボジアの地図であり、都市部がシェムリアップの近く、農村はプノンペンの南東部にあるプレイベン県にあり、この二つのコミューンの村は、人口密度はほぼ同等であり規模もだいたい同等である（ワット・ダムナック－764世帯、バ・バオン－576世帯）。この中からそれぞれ200サンプルを、世帯の場所にもとづいてランダム・サンプリングした。おおよそ600-700世帯のうちの200をランダム・サンプリングすると、少なくとも統計的には比較的有意な水準である。いくつかの異なる設問への回答をクロス集計するときにサンプル数が100とか50に減ってしまうという問題はあるが、ぎりぎりいろいろな集計ができる規

図3　アンケート調査対象の二つの村の位置

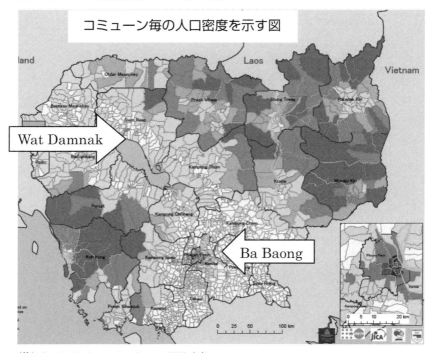

（注）Cambodia Population Census 2008 より。

模だと考えられた。また、アンケート調査（実施時期は 2011 年 11-12 月）
にもとづく統計的な集計だけでなく、アンケート調査に先立って 2011 年
8-9 月に、二つのコミューンの村を訪問し、いくつかの世帯に直接面談し
ての詳細なヒアリング調査を行った。また、2016 年 9 月には農村の同じ
コミューン（バ・バオン）で、フォローアップ調査として、その後の変化
を中心に追加的な質的ヒアリング調査を実施した。

　伝統的社会関係資本と、それと対比される近代的社会関係資本としてと
らえられるものが、こうしたアンケート調査を通じて抽出できるのではな
いか、というのが当初の仮説であった。また、伝統的な基礎社会に覆いか
ぶさった近代国家による上からの近代化と、ここ 20 年で起こった急速な
グローバル化の波、つまり外からの近代化に着目することによって、カン
ボジアの社会関係資本の変化を説明できるのではないかと考えた。

## （2）二つの調査対象村の生活状況関連データの比較

　表1は、二つの調査対象コミューンの村の状況に関連する基礎データを比較した一覧表である。表1でもみられるように、都市近郊と農村部ではかなり対照的である。

　これらのデータから農村と都市を比較すると、やはり生活水準に大きな差があり、都市の方が経済的に豊かである。一世帯あたりの平均所得は、アンケートであるがゆえにどこまで正確であるかは定かではなく、おそらく実態より少なめに回答している可能性が高いが、平均年収は農村の村（バ・バオン）で 1,780 ドル、都市近郊の村（ワット・ダムナック）で 3,060 ドルと、農村は都市のおよそ半分であり、その所得層の分布は次頁の図4のようなものである。

　生活状況をみると、農村では、水道施設はなく、下水も 100% 自家処理であるのに対し、都市では、水道の普及率が 27%、下水の回収処理 72% と、インフラの近代化が進みつつある。また、土地所有に関しては、農村では100% が自分の家の持家（2% が親戚所有）であり、都市でも 76% が持家である（24% が借家）。これは、2001 年の土地法により、それまで長年にわ

表1　二つのコミューンの村の生活状況比較データ

| 州／村の名前 | プレイベン／バ・バオン（農村部） | シェムリアップ／ワット・ダムナック（都市部） |
|---|---|---|
| 家屋の所有 | 持家 100%（2% は親戚所有） | 持家 76%、借家 24% |
| 職業 | 農業 81%、自営業 9% | 農業 1%、自営業 52%、民間企業従事 14% |
| 教育 | 小学校未卒業 65%、高卒以上 5% | 小学校未卒業 45%、高卒以上 11% |
| 居住年数 | 11 年以上 95%、10 年以下 5% | 11 年以上 69%、10 年未満 31% |
| 水アクセス | 井戸 93%、雨水 7% | 井戸 67%、水道 27%、飲み水購入 7% |
| 下水 | 自家処理 100% | 自家処理 28%、回収処理 72% |
| 市民的参加 | 葬式 77%、自警団 3%、漁業組合 5% | 自警団 81%、葬式 9%、人権組織 2% |
| 移動手段 | モータータクシー 38%、バイク 37% | モータータクシー 18%、バイク 66% |
| 携帯電話等普及率 | 69%（テレビ 72%） | 93%（テレビ 91%） |
| 平均年収 | 1,780 ドル | 3,060 ドル |
| 平均世帯人数 | 5 人、2 世代居住 61% | 5 人、2 世代居住 55% |
| 回答者性別 | 35% 男性、65% 女性 | 26% 男性、74% 女性 |

（注）アンケート調査回答より筆者作成。

図4　二つの村の年間世帯収入レベル　　　　　　　　　　　（単位：米ドル）

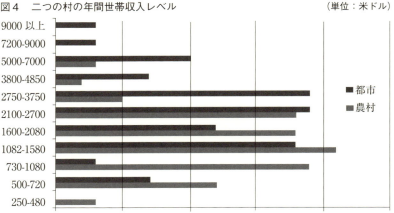

（注）International Monetary Fund, *World Economic Outlook Database*, 2016.

たり家族で耕作していた土地に自分の私的所有権が及ぶことが認められたためである。

　他方、携帯電話の普及率は、都市近郊の村で93％、農村の村でも69％であり、テレビの普及率とほぼ同様の普及率を示している（テレビの普及率は都市で91％、農村で72％）。また、移動手段については、オートバイと答えた（つまり所有している）比率が、都市で66％、農村で37％に達している。

　特にシェムリアップは、ビジネスへの投資、特にホテルやレストランなどのサービス業への投資のための潜在力をもった観光都市であるため、多くの人々は自分たち自身のビジネス（自営業52％）や新たな成長ビジネスに携わっている（民間企業従事14％）。

　職業に関しては、農村の人々は大半が農業、営林、漁業に関わり、都市の人々の多くは自営ビジネスに従事しているが、職業が生活改善やジェンダー役割の考えに反映している。共通しているのは、農村と都市ともに生活改善は自分自身で行う以外にないという点である。また、図5は男性の職業、図6は女性の職業を、それぞれ都市と農村で対比させたグラフである。

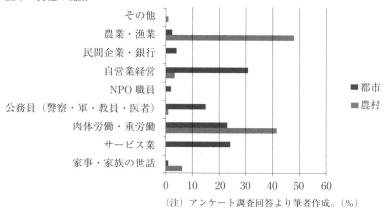

図5　男性の職業

（注）アンケート調査回答より筆者作成。（%）

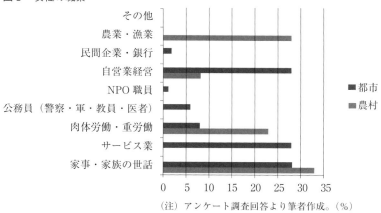

図6　女性の職業

（注）アンケート調査回答より筆者作成。（%）

## （3）二つの対象コミューンの生活状況の比較——現地訪問調査

　筆者をはじめ、調査チームの合計3人が2011年8月に、アンケート調査対象の二つのコミューンを訪問し、パイロット的なヒアリング調査を実施した。以下は、その訪問時のヒアリングをもとに二つのコミューンの村を対比させながら紹介したものである。写真は、都市部と農村部の相違を対比させるために、左側ないし上段がプレイベンの農村部（バ・バオン村）で、右側ないし下段がシェムリアップ近郊の都市部（ワット・ダムナック地区）という配置で示した。

### ① 家　屋

　家屋については、バ・バオン村は完全に農村コミュニティである。家屋はだいたい茅葺きで、そこで穀物を乾燥させ、家畜を飼うというのが一般的傾向である。ただし、CDRIの過去の調査データよれば、バ・バオン村での茅葺き家屋の比率は、2001年36％、2004/05年28％、2008年15％と減ってきており、トタンないし瓦屋根の木造家屋の比率が拡大してきているとされる。コンクリートないし煉瓦の家の比率は引き続き1-2％にすぎない（CDRI, 2012）。

　他方、右側のワット・ダムナック地区（都市近郊）ではコンクリート製の非常に立派な家屋が多く、こうした世帯の収入源として考えられるのは観光業に関連するものである。2011年の調査時のヒアリングによれば、この村では元公務員が多いが、公務員の少ない給料だけでこのような家が建つわけはないので、さまざまなビジネスによる収入が推測される。

藁葺き家屋と家畜（農村）　　　　　　　りっぱな邸宅（都市近郊）

### ② 村の通り

　村の通りを見比べると、バ・バオン村（農村部）では女子と裸足で裸の男子（姉弟か）が歩いており、親は見当たらない。CDRIの2007年レポートによれば、村の道路は2001年に整備されたとされるが、土の道路のままである。2002年に近くの国道と村を結ぶ道路が整備され、それ以来、縫製工場での賃金労働世帯も増えてきたとされる（CDRI, 2007, p.63）。ま

た、この村には人権党（Human Rights Party）の看板があって（写真右側に写っている）、こうした人権NGOもこの村で活動していた（2011年時点）。なお、2016年時点では、この人権党の看板は救国党の看板に変わっていた。

裸足の姉弟（右に人権党の看板がみえる）（農村）

その一方で、ワット・ダムナック地区（都市近郊）では、道路は舗装されていて側溝まであり、写真には裕福そうな服装の主婦たちが赤ん坊を抱いている姿が写っている。ワット・ダムナック地区は裕福なためか泥棒が多発する。そのため庭は鉄条網で囲まれており、その中で子どもが遊んでいた。

舗装された側溝のある通り（都市近郊）

### ③ 水へのアクセス

2012年時点ではバ・バオン村は電気も水も来ていなかった。どの家にも大きな瓶があってその中に雨水をためたり、井戸で水を吸い上げている。CDRIの過去の調査（2004-05年のデータ）によれば、バ・バオン村の井戸の利用率は99%であり、トイレのある世帯の比率は8%のみである[3]。

それに対して、ワット・ダムナック地区では、給水ないしは地下水を電気で吸い上げ、それをトイレや台所で使用しており、水洗トイレの普及率も高い。

農村では、水道はなく、下水も100%自家処理であるのに対し、都市では、水道の普及率が27%、下水の回収処理72%と、インフラの近代化が進みつつある。

雨水を瓶に集めた生活用水（農村）　　電動ポンプを使った水タンク（都市近郊）

### ④ 村の公的な場所

　次の写真は、カンボジアのコミュニティおける「公」というものの状況の違いをよく表している。バ・バオン村には小学校が二つあるが、そのうちの一つはお寺の中にあり、寺は村の集会所をかねており、依然と

お寺・集会場・学校（農村）

村役場・人民党支部・警察（都市近郊）

して伝統的なシステムの中で生活していることが伺われる。なお、CDRI の過去のレポートによれば、学校は 1960 年代に建てられたが、そのうちの一つは壊れ、中学校に関しては何人かの子供が近くの町（Peam Ro）に通っているとされる（CDRI, 2007, p.63）。

　ワット・ダムナック地区では、村役場と与党である人民党の地方支部、その間に警察の建物が同じ敷地に隣り合っている。ワット・ダムナック地区では、こうした結びつきの中で中央政府から公共予算をとってくることにより地元にかなりのお金が回っていることが伺われた。

## 第3節　アンケート調査にみる都市と農村の相違

　以下で、都市と農村の社会関係資本に関連して、特に二つの村の相違点に着目して、その背景を考察してみよう。

### （1）コミュニティのイベントへの参加

　コミュニティのイベントへの参加は、結婚式や葬式などへの参加に関しては非常に強く、特に農村部ではそうである。農村部でも都市部でも、家族メンバー・親戚以外に、友人や近隣者がこれら伝統的儀式に参加者する。農村部では、村落での儀礼への参加度はいまだ非常に高く、この種のコミュニティの伝統的な儀式は、「コミュニティのアイデンティティと連帯を促進する」重要な役割を果たすとされる（Krishnamurthy, 1999）。

　しかし、社会的信頼度や地域の伝統的儀式への参加を数値化すると、農村において高いが都市ではそうではない。市民参加については、都市は近隣監視グループに属し、農村は葬儀アソシエーションに属している。このことから、農村においては家族や親族を中核とした社会関係を中核としながらも、地域コミュニティ内のつながりはそれなりに存在することがわかる。ただし、それが葬儀といった文化・宗教的な分野に限定されていることは、農村のコミュニティの限界でもある。

　一方で、都市近郊の村では結婚式や葬式以外の地区の儀式がなく、地域コミュニティ内で組織された儀式への参加の慣習はない。都市については、地域や自分の身を守るために近隣監視グループが生まれ、また地域の儀式に参加することがほとんどないことから地域コミュニティ間のつながりはあまりなく、社会的信頼度は農村に比べてさらに低いということができるかもしれない。

　カンボジアの農村では村人の葬式への参加率がきわめて高いが、雇用主や職場の同僚などが結婚式や葬式に参加する割合は低い。日本のような近代化が進んだ社会では、家族、親戚、友人、会社の上司や同僚といった社会的なコミュニティとのつながりを強く感じ、地域コミュニティは希薄で

あるのが一般的であり、カンボジアとは対照的である。

## （２）生活に対するリスク認識

　表２は、都市・農村の二つの村 200 サンプルずつ、合計 400 サンプルの世帯のリスク認識を項目別にまとめた表である。リスクとして強く認識されているのは、「食糧不足」「病気やけが」「失業や低所得」といった生活上のリスク（「人間の安全保障」上のリスクと言い換えることもできる）である一方、自然災害や戦争といった脅威も強く認識されていることがわかる。

　生活に対するリスクの重要性において、都市近郊と農村でそれほど大きな差はないが、農村では食糧不足や病気・けがが多いのに対して、都市では戦争、失業、低賃金がやや多い結果であった。この結果の背景には、農村で生活するためには農作物を作ることが全ての生活の基本であり、病気になれば農作業ができなくなってしまうということがあると推測される。また、都市・農村のいずれでも、リスク認識で戦争・内戦を重要としてあげた人が多いことは、かつてのポル・ポト派支配時代の記憶が、人々の意識の中にいまだに強く残存していることを示していると推測される。

　なお、都市部では、自警団への参加の比率が高い。このグループの主要な役割は、地域コミュニティの安全を維持することであり、何か災害が起きたとき地域の人々を助けることである。現地インタビューの際には、農村部でも近年の自警団の組織化について説明があったが、アンケート集計結果にはあまり表れていない。都市部ではより犯罪のリスクが高いこと、

表２　生活へのリスクの重要度認識（%）

| リスクの種類・内容 | 重要度 | | | | |
|---|---|---|---|---|---|
| | 回答無 | あまり重要でない | 多少重要 | 重要 | とても重要 |
| 失業・低所得 | 0.5 | 0.0 | 2.5 | 19.5 | 77.5 |
| 病気・けが | 0.0 | 0.5 | 4.0 | 13 | 82.5 |
| 食糧不足 | 0.0 | 0.0 | 2.0 | 6.0 | 92 |
| 水アクセスの欠如 | 0.0 | 6.5 | 19.5 | 32 | 42 |
| 交通・道路の制約 | 0.0 | 1.5 | 18.5 | 35 | 45 |
| 自然災害（洪水等） | 0.0 | 0.5 | 6.0 | 8.5 | 85 |
| 戦争・内戦 | 0.0 | 2.0 | 4.5 | 7.5 | 86 |

（注）都市近郊・農村の合計 400 サンプル全体の中の比率。

またこのコミュニティは比較的所得が高いことが、自警団への参加度合いや、その役割についての肯定的評価が高くなっている背景要因ではないだろうか。

### （3）ジェンダーの役割意識

　ジェンダーの役割に関する質問への回答をみると、農村の女性は、農業や釣り、家事や家族、子供の世話と回答しているのに対して、都市の女性は自営ビジネスの運営やホテルなどのサービス業と答えていた。このように考えているのは女性だけでなく、男性にも同様の考えがあることが集計表からわかる。カンボジア社会は、その構造において家父長的であり、これはジェンダーのステレオタイプ化、あるいは男性と女性の仕事への関わり方の違いにおいて明白である。つまり男性は、世帯の中での支配的な役割と同時に、他の肉体的に負担の大きい作業や危険度の高いものを含んだ仕事が割り当てられ、他方、女性はむしろ世帯の雑用と結びつけられている。すなわち、「男は仕事、女は家庭」という伝統的概念である。農村部の調査から得られた結果は、この慣習を支持するようにみえる。

　他方、このような概念は、社会の変化とともに少しずつ変わってきているということも伺われる。特に都市部で変化が始まっている。都市部の女性たちは、女性も伝統的に男性に割り当てられてきた仕事を担うべきであり、地域コミュニティの活動グループへの高いレベルでの参加を担うべきであると考えている。また、女性だけではなく、自営のビジネスを行っていたり、サービス業に携わっているような場合、男性が就いているのと同じ仕事に女性が携わるべきであると考える者は、おおむね男女同数である。これはおそらく、都市部の活発な経済活動と機会のためだろう。

### （4）教育分野に残る傷跡

　カンボジアでのアンケート調査結果で、カンボジアにおける過去のこうした混乱の爪痕を最も色濃く反映している数字は、就学経験率である[4]。

　カンボジアの農村部では、回答者のほぼ50％の人たちが小学校を卒業することができなかったと答えており、そのほか、17.5％の人たちが学校

に行ったことがない。わずか9.5％が小学校を、10.5％が中学校を卒業したとの回答である。一方都市部でも、農村部と比べ数字は多少上回るものの、ほぼ同様な水準で、多くの人たちがきちんとした教育を受けたことがない。都市部のほぼ30％の人たちは小学校を終えることができず、16％の人たちはそもそも学校に通ったことがないとの回答であった。小学校を終えた人は9％、中学校を終えた人は11％のみである。

　約30年前のポル・ポト政権による教育の破壊とその後の教育事情の悪化が影響していることは明らかである。


### （5）人の移動の流動性

　農村部では人の移動がきわめて限定されているのに対し、都市部では1-2年、ないし5年以内に新たに移り住んできた新住民が農村部よりはるかに多い。借家の比率が24％というのも、同様な人口の流動性の結果であると考えられる。これも、伝統的な農村社会の閉鎖性と、近代化の波に洗われている都市の違いが明瞭に表れているようであるが、シェムリアップは典型的な観光都市なので、特にこうした傾向が明瞭に現れていると考えられ、カンボジア全体としてこうした人口の流動性がどこまで進んでいるかは、今回の調査だけからは不明である。

　実際、バ・バオン村は農村で、ほとんど世帯数の変化がない。バ・バオン村の世帯数は、CDRIの1996/97年の調査時で462世帯、2001年時点で536世帯、2004/05時点で543世帯、今回の2012年初頭時点で576世

図7　居住年数の分布

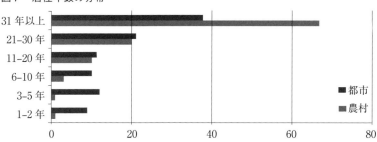

（注）アンケート調査回答より筆者作成。

帯である。世帯数の変化は過去
10年間で約7％の増加に留まり、
年間4世帯程度の変化に過ぎな
い。右の写真は雨季で、雨季に
なると水がかなり入りこんでく
る。隣国あるいは近くのベトナ
ム系の住民が船でいろいろな物
資を売りにきている。

商売に来たベトナム人（農村）

　ワット・ダムナック地区の中
には観光業に就く新住民がおり、
右の写真のようなアパートに住
んでいる。2011年時のヒアリン
グによれば、住民の約1割が近
年（2-3年の間に）移り住んでき
た新住民とのことであった。

新住民のアパート（都市近郊）

### （6）2011年から2016年の間の変化

　200サンプルのアンケート調査を行った2011年11月以降の生活状況と
社会意識の変化を調べるために、2016年に追加アンケート調査を企画し
たが、予算的な制約のため実現せず、かわりに同年9月にバ・バオン村を
訪問し、フォローアップのための追加的なヒアリング調査を行った。その
ヒアリングの結果は次のようなものであった。

　農作業に関して、以前は牛による農作業が主流であったが、現在では耕
運機による農作業をする農民も出現してきており、牛を食用として育てて
いる農家も出てきている。

　水資源については、ここ10年で利用可能な水資源が増加したとは感じ
られない。雨季には田が水没して米の栽培・収穫ができないため、乾季
を中心に1年に1回のみの収穫であり、それは今も変わらない。雨季に
は、通常であれば運河のあたりは水深1-2mとなり、国道周辺のみが陸地
として残り、国道には牛が溢れることになるが、2016年はかなりの少雨

で例年より水位が低い。生活用水としては、かつては貯水池の水を利用していたが、肥料・殺虫剤の影響があり、近年、池は使用されなくなってきた。代わって、井戸（50mの深さ）が数百あり使用されている。各家庭には井戸が二つ整備され、一つは家庭用に、一つは農業用に使用されているが、井戸水で農業をするのは重労働である。

　なお、当コミューンでは、電気が2010年に整備されはじめ、国道に近いところを最初にその後延長されバ・バオンのコミューン全体に広げられたとのことで、2016年時点ではバ・バオン村にも電気が来ていた。ただし、電気代が徴収されるため、村の貧困世帯の中には、電気代の基本料金支払いを避けるため、以前と同様にバッテリーをテレビなどの電源として利用している世帯もあった。

## 第4節　アンケート調査にみる社会関係資本の特徴

### （1）家族・親族への依存度・信頼度の高さ

　アンケート調査の「リスクと社会的セーフティネット」に関する質問に対する回答をまとめたのが図8である。これをみると、生活上のリスクおよび災害のリスクが生じた際に頼る相手として、カンボジアの場合は圧倒的に家族・親族の比率が高く、村や政府関連機関の比率が相対的にかなり低い。

　アンケート調査にもとづく知見によると、人々が彼らの生計あるいは生活を維持する上で困難に直面した時、カンボジアの社会支援システムはいまだ主として非公式なネットワークに依存しており、とりわけ家族のメンバーと親戚に頼っている。病気やけが、失業、少ない収入、自然災害のような生活上のさまざまなリスクに直面した場合、ほとんどの回答者は、主に家族メンバーと親戚に頼ると答えている。家族・親族に対する依存度の高さと、村・政府関連機関への依存度の相対的低さは、カンボジア社会の大きな特徴である。

　既存の社会制度の破壊と政治的混乱の歴史は、過去20年間に、人民党の政治支配の強化という形で安定化と社会制度の強化の方向に向かっては

図8　リスクに際しての依存対象

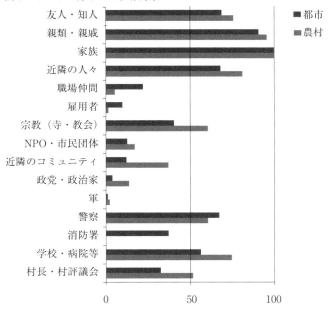

(注) アンケート調査回答より筆者作成。(%)

いるが、カンボジアでのアンケート調査の結果は、そうした上からの社会制度の再構築が依然として進んでいないことを示しているようである。

　ピアソンが述べているように、「過去の遺産、リーダーシップの権威主義的スタイル、カンボジアのさまざまな政治的党派とリーダーの間の明らかに深く絶え間ない不信等によって、一般大衆のリーダーに対する不信や彼ら相互の不信を克服することができていない（筆者訳）」(Pearson, 2011)とされている。それゆえ、カンボジアでは依然として、（政府とコミュニティの）垂直的なつながりの弱さと最も親密な（家族・親族）ネットワークという小さなサークルの内部にのみ矮小化された社会関係が顕著であるといえよう。

### （2）内戦による社会制度の崩壊

　カンボジアのアンケート調査結果をみると、農村と都市の両方において、人々が（家族・親族以外の）他者に対してきわめて低い信頼しか示してい

ない。このことは、内戦、特にポル・ポトの支配を期に、それまでの近代化プロセスの中で形成されてきたさまざまな社会制度が崩壊したことと関係しているとの解釈は、当然ながら可能である。

　実際、UNICEF は「今日のカンボジア社会は、誰も完全には信じることができない、自ら処することが生き延びるために重要と信じる諸個人の集団として特徴づけられている（著者訳）」と述べ（UNICEF, 1996）、ピアソンは「カンボジア社会における社会的信頼のこの深刻な欠如もたらした諸要素の一つは、主に血族的ネットワークを基礎とする古いスタイルのコミュニティが大きく分裂し崩壊したことである（著者訳）」と述べている（Pearson, 2011）。

　ただし、カンボジアにおける村・コミューンへの依存度・信頼度の低さは、上記のようにポル・ポト時代前後の社会の崩壊に起因するとの説明ができるものの、それとともに、カンボジアの伝統的社会における家族・親族の社会的絆の重要性と、そうした絆が依然として強く残存しているということを、念頭においておく必要があるだろう。

　また、アンケート調査結果をみると、いずれの村でも、NGO やボランティア活動団体への信頼度もけっして高いとはいえない。国際機関や国際 NGO のコミュニティへの支援活動は、カンボジアが新たな出発をした 1990 年代には活発であったが、国際社会のコミュニティの強化や開発支援は、2000 年代に入って、カンボジア政府の地方行政制度の中に取り込まれ、開発資金が中央政府（与党）の地方予算の枠組みを通して供与される中で、その影響力を減じてきた面があり、そうしたことが影響しているのかもしれない。

## （3）近隣監視グループと自警団

　調査結果が示していることは、カンボジアでは人々はボランタリー（自発的な相互扶助）活動にあまり関わりをもたないということである。回答者が関わりをもつさまざまな組織のうち、近隣監視グループ（Neighborhood Watch Group）あるいは自警団（Voluntary Guard）のメンバー数が最も多い。このグループの主要な役割は、地域コミュニティの安全を維持すること

あり、何か災害が起きたとき地域の人々を助けることである。特に、都市の調査事例で、自警団参加の比率が高い。こうしたグループ活動については、注釈が必要である。

　近年、カンボジアでも、上からの（政府主導の）村落レベルの自警団強化の動きがある。近隣監視グループ（もともと自警団として知られている）は、政府による「村落コミューンの安全（Village Commune Security: VCS）推進のためのガイドライン」を実行するプランの中心的な構成要素として設立された。このガイドラインは、フン・セン首相による勧告にもとづいて2010年8月に公布されたものであり、この政策の実施のため、コミューン自警団は、都市と農村のすべてのコミュニティに設置された（Ministry of Interior, 2010）。村長は警察と協力して自警団グループ形成の責任をもち、自警団は警察、軍警察、あるいはコミューンの長や村長のような地域当局と緊密に協力し、地域をパトロールする。武器をもっていないが、犯罪者を逮捕し拘留し、彼らを警察や軍警察あるいはその他の適切な当局へ送る権限が与えられている。

　インタビューでは、こうした自警団結成の結果、近年、村での犯罪件数は減少しているとのことであった。ただし、アンケート結果の中では、生活上のリスク対策あるいは防災上、家族・親族以外は、近隣の人々や警察は「多少頼りになる」程度であり、地域コミューン（現地語で sangkat）評議会や政党のような国家制度はあまり頼りになるわけではないということで、多くの回答者は一致している[5]。

## （4）土地所有問題

　農村社会にとって、土地所有は最も重要な前提である。1975-79年のポル・ポト政権下で、伝統的な土地制度も破壊され、20世紀初頭から続いていた土地の私的所有権制度はすべて否定された。その後の1980年代の社会主義政権下では、全ての土地は国のものとされたが、世帯ごとに「耕作権」を付与された。1989年に憲法が改正され、私有が一部認められるようになり、さらに2001年の土地法の改正で、農地を含む全ての土地を対象とした所有権が認められている[6]。

土地所有に関しては、今回のアンケート調査では、農村では100％が自分の家の持家（2％が親戚所有）であり、都市でも76％が持家である（24％が借家）。これは、2001年の土地法により、それまで長年にわたり家族で耕作していた土地に自分の私的所有権が及ぶことが認められたためである。従って、農村においては多くの世帯で土地も家も自分の所有分であり、基本的に小作が存在しない。

　ただし、1998年の調査では「土地なし農家」の比率は少なかったが、その後、借金をしてその返済ができず土地・家を売るケースが増えているとのことである。これも「近代化」の一つの側面といえるかもしれない。バ・バオン村は比較的豊かな農業地域にあり、そうした土地なし世帯は少ないようであるが、それでもCDRIの過去の調査によれば、2001年、2004/05年、2008年のいずれの時点でも、その比率は6％であったとされる（CDRI, 2007）（CDRI, 2012）。

## （5）水利の管理

　カンボジアの農村の農民にとって、米が主たる生産物であり、そのための水の確保はきわめて重要である。他の途上国の農村と同様、カンボジアにおいても水利組合があり、水路の管理と水利費の徴収を行っている。

　2016年夏に実施したバ・バオン地域（バ・バオン村はバ・バオン・コミューンに五つある村の中の一つ）町長へのヒアリングによれば、もともとある運河はフランス統治下で建設されたもので、2000年に改修された。この地域の水路6.4キロのうち2.1キロをコミューンの予算で浚渫・整備した。ポル・ポト時代には水路の支流を手堀り（ポル・ポト体制は機械の使用を嫌悪した）で建設したのみで、水路そのものは整備しなかった。水路の改修の結果、かつては1ヘクタールあたりの収穫高が3-4トン（肥料を400キロ投下）であったのが、現在（2016年）は6トンまでに増加したとのことである（日本では1ヘクタールあたり6-7トンとされる）。水路は9月から2月までは使えるが、乾季は使えない。ポンプを使う農家もいるが、50メートルほど掘るものの、乾季の2-4月は水が出ない。灌漑水路から水田への導水は、パイプから流すことによるが、雨季になると運河の堤防を越え

るので水汲みは一切不要である。なお、水利組合（グループ）による運河のパトロールも行われている。

　この地域の水路は二つのコミューン（合計7つの村）で共有している。そのため、水利組合がコミューン単位で組織され（各村から3人ずつの代表を出す）、曜日によって利用日を決めるなど、交替で水を利用可能なコミューンを切り替えている。コミューン内の紛争については、土地争いという点では特に大きな対立は生じていないが、水利をめぐる争いはあるとのことである。水利費は、水が供給される比率に応じてヘクタールあたり1万5千リエルから5千リエル（4千リエルが約1米ドル）である。水利組合の長は水資源・気象省の政府の役人がなっている。

　なお、一世帯あたりの農地はおおよそ4-5ヘクタールから15ヘクタール程度であり、コミューン内の最大土地所有者は15ヘクタールとのことである。また、農地は1ヘクタールあたり6千米ドルの取引価値であるが、道路に近い土地であれば1ヘクタールあたり2万米ドルほどするとのことである。

## （6）マイクロ・ファイナンスの普及

　カンボジアのような伝統的社会の特徴を色濃く残す社会において、「市民社会」がどの程度育っているかは大きな論点となってきた。「市民社会」が何を意味するか、その定義をめぐっては多くの学問的議論がなされており、かならずしも結論が収斂しているわけでもない。以下では、カンボジアの社会のなかで近代化にともなって拡大してきている新しい社会的側面として、マイクロ・ファイナンス（小規模金融）の拡大に焦点をあてて、その状況を整理してみることにしたい。

　アンケート調査結果をみると、大多数の者が、親戚や地域の金貸しあるいはマイクロ・ファイナンスからローンを受けたことがあり、ローンは主に、世帯の支出、新たなビジネスのスタートのために使われた、とされている。

　農村コミュニティでは、回答者の約96％は、親戚、地域の金貸し、マイクロ・ファイナンスなど、他者からお金を借りたことがあると答えて

いる。多くの者は（40％）、そのローンを農業改良のために使った。他方、28％の者は、世帯の支払いのためにローンを使ったと答え、16％の者は、薬や治療の費用をカバーするために使ったと答えた。11％程度が新しいビジネスをスタートさせるために借りたお金を使ったと答えている。

　都市コミュニティでも、回答者の約78.5％は、親戚、地域の金貸し、マイクロ・ファイナンスなどの他者からお金を借りたことがあるという。多く（44％）は、そのローンを家計費に使っており、他方で約42％がビジネスを始めるのに使ったと答えている。シェムリアップは、ビジネスへの投資、特にホテル、レストランなどのサービス業への投資のための潜在力を持った観光都市であるため、多くの人々は自分たち自身のビジネスや新たなビジネス成長に携わっていることがこうした数字にも示されている。

　マイクロ・ファイナンスの普及・拡大については、CDRI による先行調査がある（CDRI, 2012）。カンボジアには、主要なマイクロ・ファイナンス機関（MFI）として、ACLEDA、AMRET、PRASAC、AMK などがあり、民間の金貸しの金利が月 10-40％ なのに対し、これらの機関は月 3％程度の低利で融資しているとされる。バ・バオン村の過去のデータと比較すると、こうした MFI を利用した住民の割合は、2001 年―47％、2004/5 年―43％、2008 年―43％であるが、世帯あたりの融資額が、2001 年―57、2004/5 年―68、2008 年―248（単位：いずれも万リエル）と拡大している。

　お金を借りる先として、調査対象 9 村の総計で、表 3 のように、親類・友人（44％から 27％に減少）から NGO/MFI（19％から 57％に拡大）への急速なシフトが確認され、金融面でのある種の近代システムが急速に普及していることがわかる。

　また、融資金の活用目的としては、表 4 のように、農業・家畜購入、ビジネスでの活用、および家計支出が 3 大分野であり、農村と都市では農業・家畜と他のビジネスの違いはあるが、経済活動にとって重要な要素になっていることがわかる。

　シェムリアップは、ビジネスへの投資、特にホテル、レストランなどのサービス業への投資のための潜在力をもった観光都市であるため、多くの人々は自分たち自身のビジネスや新たなビジネス成長に携わっている。他

表3　融資源の推移（単位：%）

|  | NGO/MFI | 民間金貸業 | 親類・友人 | その他 |
|---|---|---|---|---|
| 2001 年 | 19 | 31 | 44 | 6 |
| 2004/5 年 | 35 | 27 | 37 | 1 |
| 2008 年 | 57 | 15 | 27 | 1 |

（注）CDRI（2012），p.80 の表の一部より筆者作成。

表4　融資の活用目的の推移と比較（単位：%）

|  | 農業・家畜 | ビジネス活動 | 保健医療 | 食糧購入 | 住居建設修理 | その他 |
|---|---|---|---|---|---|---|
| 2004/5 年 | 19 | 30 | 16 | 16 | 8 | 11 |
| 2008 年 | 27 | 34 | 10 | 12 | 7 | 10 |
| 2012 年／農村 | 43 | 11 | 16 | 42（内 28%が家計支出） | | |
| 2012 年／都市 | 1 | 42 | 8 | 49（内 44%が家計支出） | | |

（注）CDRI（2012），p.82 の表の一部および今回のアンケート調査結果より筆者作成。

方、農村地域では、その地域の人々が日々の生活の中で困難に直面すると
き、地域の金の貸し手が彼らへローンを提供するのにより活発な役割を果
たしているようにみえる。しかし、このインフォーマルな貸し手は、かな
り高い金利を設定し利潤を獲得する目的があるため、返済が地域の人々へ
の重荷になってきているとされ、人々が生活上困難に直面した場合、彼ら
を助けるフォーマルな社会支援システムがないことの裏返しの現象ともい
えよう。


## （7）農村での国家機構および村組織への信頼度

すでに述べたように、国家機構への信頼度がきわめて低く、それに対
し、村レベルの組織への信頼度は依然として高いことを示すデータもあ
る。CDRI の過去の調査（2004/05 年のデータ）によれば、バ・バオン村の
組織加入率は、宗教組織が91％ときわめて高いのに対し、経済活動の集
まりで38％、政治団体ではわずか1％にとどまっている（CDRI, 2007, p.130）。
また、同じ時期のバ・バオン村での調査によれば、「地方権威への信頼度」
のアンケート項目で「大いに、あるいは非常に信頼できる」との答えの比
率は、村長が44％、村落評議会が42％に対し、警察はわずか15％にすぎ
ない。調査対象9村全体の数値でも、村長52％、村落評議会48％、警察
15％と、国家機構に対する信頼度の低さが際立っている（CDRI, 2007）。

同じ調査で、「過去10年間の政治参加」に関する質問で、バ・バオン村

の「村の会合」への参加率が96％ときわめて高いのに対し、「政治家への相談」は31％、「警察や司法への訴え」は13％、「デモへの参加」は5％のみである。調査対象9村全体の数値でも、「村の会合」への参加は94％、「政治家への相談」は23％、「警察・司法への訴え」は5％と、村落レベルの組織への依存度と国家機構に対する信頼度の低さが際立っている（CDRI, 2007）。

　一方、NGOは農村の中にも入りこんでいるが、興味深い数値は、生活上あるいは災害時に頼りになるものとして、こうしたボランティア組織に対する信頼度（依存度）が意外に低かったことである。農村で、こうした団体（ボランティア、NGO、市民グループ）に対して、日常生活上のリスクに関して、「全く頼りにならない／あまり頼りにならない」との返答が52.5％、「頼りになる／多少頼りになる」との返答が18％であり、災害時のリスクに関しては、前者（頼りにならない）が52％、後者（頼りになる）が23.5％である。都市でも、こうした団体に対して、日常生活上のリスクに関して、「全く頼りにならない／あまり頼りにならない」が52.5％、「頼りになる／多少頼りになる」が13％であり、災害時のリスクに関しては、前者（頼りにならない）が57％、後者（頼りになる）が16.5％である。

## 第5節　まとめ——社会関係資本に関する調査の成果と課題

　これまで述べてきたように、筆者をはじめ我々の研究チームは、カンボジアにおける農村地帯と都市近郊の二つのコミューンの村で現地調査を実施し、アンケート票にもとづくパイロット調査を実施した。その目的は、カンボジアにおける農村と都市の生活様式と社会関係を検証し、そこから伝統的社会関係資本と近代的社会関係資本がどのようなもので、どの程度存在しているかを把握することであった。調査方法としては、都市近郊・農村の世帯にアンケート質問票を配布・回収し、また直接的な質疑応答の中で現場の状況と人々の意識をさぐり出す聞き取り調査も実施した。

　「伝統的社会関係資本」と考えられるのは、家族・親族関係や村の相互扶助、宗教儀式などであり、これらはカンボジアにおいて、特に農村にお

いて依然として強く残存している。

　他方、「近代的社会関係資本」とは、「上からの近代化」を示すものとして、国民生活への政府・政党の関与とその役割があげられ、より市民社会的な新しい社会関係資本として、国内外のNGOやマイクロ・ファイナンス機関（MFI）などによる活動やそれが果たす役割ととらえることができる。カンボジアにおいては、こうした近代的社会関係資本は、国家による枠組み（行政や政治）に関してきわめて警戒的であり、その大きな原因の一つとして、ポル・ポト時代の既存の社会制度の破壊の傷跡があることも否定できない。その影響のためか、NGOやボランティア活動の果たす役割や依存度も限定的である。あるいは、本章でとりあげた二つの村は、国際機関や国際NGOの直接的な支援対象になっていないということが影響しているのかもしれない。

　農村と都市の調査結果を比較してみると、グローバル化された経済社会と経済発展の進展の中から、新しい要素が出てきていることも確かにみてとれる。たとえば、コミュニティの流動化、男女の役割意識の変化、などである。また、民間経済活動の活発化によってMFIなど民間ビジネス機関の役割は大きくなっており、その影響は都市ばかりでなく農村にも及んでいる。

　本研究で実施したカンボジアにおける農村および都市の二つのコミューンの村の事例が特殊な事例なのかどうかは、ただちには結論を出すことはできないが、具体的な証拠の一つとして大いに参考になり、その意味で、本調査の意義はけっして小さくないと考える。この二つのコミューンの選択に関しては、おおむね成功であったといえるのではないか。また、それぞれのコミューンの村での200サンプルのアンケート調査の規模も、コミュニティの規模が500-700世帯であることを考えると、予算制約も考慮して、おおむね適切な規模であったと考えられる。

　なお、アンケート票の内容は、最初の段階では手さぐりの状態で作成したこともあり、一通りの調査結果を得た現時点で振り返ると、カンボジアの社会関係資本の状況・変化やその課題を抽出しうる、より詳細で適確な質問票がありえたことはいうまでもない。将来的には、今回の社会調査の

経験を踏まえ、さらに詳細に調査・分析する機会が得られればと希望している。個別テーマとしても、たとえば、土地を含むコミュニティ内の紛争処理メカニズム、保健医療・貧困対策などの実質的な社会保障制度のあり方、政治参加や市民社会意識、マイクロ・ファイナンスの役割、等のテーマは、今回の調査研究を通じてその現況が把握できた程度であり、さらに深めていくべき重要なテーマであろう。

## ◆コラム◆ プノンペンのホテルからみたカンボジア

筆者は1992年にはじめてUNTAC（United Nations Transitional Authority in Cambodia: 国連カンボジア暫定統治機構）統治下のカンボジアに調査に行って以来、およそ3年に1回の頻度でカンボジアを訪れてきた。カンボジアの首都プノンペンに泊まった際には、市の中心のトンレサップ川のほとりにあるホテル・カンボジアーナの最上階から、写真を撮ってきた。左の写真は、それぞれ1992年、2001年、2016年に同じ場所から撮影した、いわば定点観測である。1992年には、周辺の建物は壊れたままで、その脇に難民が粗末な小屋を建てて住んでいた。2001年には、新しい建物が建てられ、難民の小屋はすべて撤去されていた。2016年には、川のほとりに（有料の）公園が整備され市民の憩いの場となり、休日には多くの家族連れが訪れている。また、近くには

（定点観測、筆者撮影）

1992年

2001年

高層ビルが建設中である。これらの写真をみると、過去25年間のカンボジアの急速な復興と経済発展を実感することができる。

2016年

注
1　2016年9月、「プノンペン・ポスト」編集長へのヒアリング。なお、近年、マスメディアへの政治の締め付けが強化される兆候もあり、2017年9月4日、政府に批判的な「カンボジア・デイリー」誌が廃刊を余儀なくされた。
2　OXFAM提供資料、*Learning Saving for Change Model.*
3　CDRI（2007), p. 111.
4　カンボジアの教育事情については、たとえば次の文献が詳しい。西野節男『現代カンボジア教育の諸相』東洋大学アジア文化研究所・アジア地域研究センター、2009年。
5　カンボジアと比較すると、ラオスでは上からの（国家主導の）コミュニティ・レベルの組織化がより強固である。世代別、地域別、また機能別のサブ・グループが組織されており、幾重にも重なる（戦前の日本における隣組のような）集団的協力の枠組みの中で、村落共同体の中の活動や結束がより強固である。たとえば、村レベルの治安機構としての自警団（これをコンコンロンと呼んでいる）が組織されている。これは、公式には1975年のラオス人民民主主義共和国（Lao PDR）の政権樹立とともに、国民防衛（local defense）のために各村に設立を義務づけられたことになっているが、それ以前から村の治安組織として存在していた。村の境界を守るのが目的で、武器(ライフル銃）等を所持して警戒にあたる。こうした仕組みはカンボジアの自警団と類似しているが、カンボジアの自警団が数年前に政府主導で設立が促進されてきたのに対し、ラオスのそれはより長い歴史を持ち、村の共同活動として根付いている点が大きな違いである（2012年8月27-31日のラオス現地調査の際のヒアリングに基づく）。
6　2001年の土地法では、2001年以前から「5年以上、明白かつ平穏に、公然と、継続して、善意で占有した場合」に所有権を認めるとしている。
7　1991年にコミューンの長に就任（当時は指名制）し、2002年からは公選制で、ヒアリング時の2016年まで引き続きコミューンの長を務めている。

［参考文献］
CDRI（Cambodia Development Resource Institute）(2007), *Moving Out of Poverty?: Trends in Community Well-Being and Household Mobility in Nine Cambodian Villages,* CDRI.
CDRI（2012), *Understanding Poverty Dynamics: Evidence from Nine Villages in Cambodia,* Working Paper Series No.69, CDRI.
CDRI（2013), *20 Years' Strengthening of Cambodian Civil Society: Time for Reflection,* Working Paper Series No.85, CDRI.

Grahn, Hanna. (2006), *In the search of trust: A study on the origin of social capital in Cambodia from an institutional perspective*, LUND University.

Greater Mekong Subregion Development Analysis Network (2014), *Inclusive Development in the Greater Mekong Subregion: An Assessment*, A GMS-DAN Publication (Phnom Penh).

Krishnamurthy, Veena. (1999), *The impact of armed conflict on social capital: A study of two villages in Cambodia*, Social Services of Cambodia.

Ministry of Interior (2010), *Guidelines on the implementation of village and commune safety policy*, Ministry of Interior (Royal Government of Cambodia).

Ministry of Planning (National Institute of Statistics)(1998), *Cambodia: Socio Economic Survey 1997*, Ministry of Planning (Royal Government of Cambodia).

Ministry of Planning (National Institute of Statistics)(2010), *Cambodia: Socio Economic Survey 2009*, Ministry of Planning (Royal Government of Cambodia).

Pearson, Jenny. (2011), *Creative capacity development: Learning to adapt in development practice*, Kumarian Press.

Pellini, Arnald. (2005), Traditional forms of social capital in Cambodia and their linkage with local development processes, *Cambodia Development Review*, 9(3), pp. 8-11.

Putnam, Robert. (1993), *Making Democracy Work: Civic traditions in modern Italy*, Princeton University Press.

Strangio, Sebastian. (2014), *Hun Sen's Cambodia*, Silkwarm Books.

UNICEF (1996), *Towards a better future: An analysis of the situation of children and women in Cambodia*, UNICEF.

World Bank (2010), "Trust, Authority, and Decision Making: Findings from the Extended Timor-Leste Survey of Living Standards", *Justice for the Poor Briefing Notes* Vol.5, Issue 1.

天川直子編『カンボジア新時代』日本貿易振興会アジア経済研究所、2004 年

稲田十一「カンボジアの復興開発プロセスと日本の援助・投資」『専修大学社会科学年報』 47 号、2013 年

稲葉陽二『ソーシャル・キャピタル入門――孤立から絆へ』中央公論新社、2011 年

上田広美・岡田知子編『カンボジアを知るための 62 章』明石書店、2012 年

小林知『カンボジア村落世界の再生』京都大学学術出版会、2011 年

道法清隆・林憲忠編『カンボジア経済の基礎知識』日本貿易振興機構、2016 年

廣畑伸雄『カンボジア経済入門――市場経済化と貧困削減』日本評論社、2004 年

廣畑伸雄・福代和宏・初鹿野直美『新・カンボジア経済入門――高度経済成長とグロー バル化』日本評論社、2016 年

福島清介『新生カンボジアの展望――クメール・ルージュの虐殺から大メコン圏共存協 力の時代へ』日本国際問題研究所、2006 年。（HP より入手可能）

藤原幸恵『ユニセフ・カンボジア事務所で働く――国連若手職員の 3 年間』明石書店、 2006 年

山田裕史「国連暫定統治後のカンボジアにおける民主化と平和構築の再検討」2011 年 11 月 12 日・日本国際政治学会報告論文

# 第2章
# 東ティモールの国づくりと
# 社会関係資本 ——カンボジアとの比較

## はじめに

　カンボジアと東ティモールは、いずれも紛争後の新たな国づくりを進めてきた国である。カンボジアは1970年代後半にポル・ポト派による虐殺があり、その後、ベトナムの支援を受けたヘン・サムリン政権との間で内戦状態が続いた。その後、1992-93年の国連カンボジア暫定統治機構（UNTAC: United Nations Transitional Authority in Cambodia）のもとで選挙が行われ、以来、新しい国づくりが進んできた。他方、東ティモールは、1974年にポルトガルの植民地支配から脱したものの、翌1975年にはインドネシアの統治下に置かれ、1999年の住民投票とその直後の騒乱をへて2002年に独立を達成し、以来、国連など国際社会の支援を受けながら、新しい国づくりを進めてきた。

　したがって、両国を比較することによって、そうした過去の紛争の傷跡がどのように社会あるいは社会関係資本に影響を与えているかを具体的に検証してみることには、大きな意味があると考えられる。

　第2章は、こうした作業を通じて、東ティモールとカンボジアの社会関係資本の特徴を多面的に把握しようとするものである。カンボジアと同じくアジアにおける「紛争後国」としてとりあげられることの多い東ティモールで、パイロット調査としてカンボジアで実施したのと同じアンケート票を地方農村で配布回収した。そして、そのアンケート結果をもとに、カンボジアと東ティモールとを対比させて、その共通点と相違点を検討してみた。

## 第1節　東ティモールの国づくりのプロセス

### （1）東ティモールの紛争と国家建設の歴史

　カンボジアの歴史については、第1章で言及したが、東ティモールの歴史と国づくりの過程についてもその概要を説明しておくことにしよう。

　東ティモールは17世紀頃からポルトガルの支配下に入り、やがてその植民地とされた。ポルトガルの植民地時代には、東ティモールはアジアの香辛料貿易や白檀輸出の拠点とされた。

　第二次大戦中は、日本軍が一時的に進駐したが、戦争が終わると再びポルトガルの植民地に戻った。隣接するインドネシアがオランダとの戦いを経て、1949年12月に独立を達成しても、保守的なポルトガルの政権は植民地を手放すことはなかった。

　ところが、1974年にポルトガル本国で政変、いわゆるカーネーション革命が起き、新たに成立した新政権は、ポルトガルが保持していた植民地を原則としてすべて手放す決定を行った（アンゴラ、モザンビーク等）。東ティモールはその時点でまだ独立国となる準備は全くできておらず、統治の受け皿がない中で、インドネシアは東ティモールに軍を展開し、インドネシアに併合した。1974年に東ティモールがポルトガルの植民地統治から離れ、1976年にインドネシアが併合を表明したのちも、一部の国を除いて国際社会はそれを承認したわけではなかったが、インドネシアの実効支配が続く中で、事実上その併合が黙認されていた。

　こうした状況に変化が生じたのは、1997年暮れに、アジア経済危機の影響を受けてインドネシアが経済的にも政治的にも混乱し、翌1998年に、約30年にわたって続いていたスハルト政権が崩壊したことによる。スハルト政権の後を受け、1998年5月に成立したハビビ政権は、民主化や国際協調を進める一環として東ティモール問題の根本的な解決を模索した。インドネシア国内でも選挙が行われ政治的自由化や民主化を求める動きが高まるのと並行して、インドネシア政府は東ティモール問題でも態度を軟化させ住民投票の実施に合意した。

1999年8月の住民投票そのものはほぼ順調に行われた。投票結果は、約44万人の有権者のうち、約78.5％が（インドネシアに併合される形での）自治案に反対票を投じ、独立を望む住民が大差で圧勝し、国連安全保障理事会をはじめ国際社会がこの住民投票の有効性を認めたことで、東ティモールの独立は決定的になった。しかし、現地の併合支持派はこの投票結果を受け入れず、破壊活動を激化させた。併合派民兵による殺害、放火、略奪が起こり、首都ディリをはじめ東ティモール全域が騒乱状態に陥った。

　その後、2001年8月30日に憲法制定議会選挙が行われ、翌2002年3月22日には憲法が制定され、そして、2002年5月20日に正式に独立を果たした。独立にともなって、それまでの国連東ティモール暫定行政機構（UNTAET：United Nations Transitional Administration in East Timor）はUNMISET（国連東ティモール支援ミッション）へと移行し、国連職員の数も順次削減され、東ティモールの行政官にその役割を移管していった。

　2006年に、軍・警察の中の一部不満分子による反乱とそれに関連する政治危機が生じ、国連が再度UNMIT（国連東ティモール・ミッション）を編成して関与してきたが、それも2012年12月で完全に終了した。2012年に実施された3回目の選挙（大統領選挙および議会選挙）も順調に進み、東ティモールは国としての着実な自立の道を歩み始めていると評価されている。

## （2）東ティモールの開発の進展度合い

　他方で、東ティモールは農業以外の目ぼしい産業がなく、国民の大半が農民である典型的な農村社会でもある。長いポルトガル植民地時代にも、東ティモールは香辛料や白檀貿易の拠点とされただけで、農業以外の産業は育たず、またインフラ整備もほとんどなされなかった。インドネシア統治時代に、行政・教育などの社会サービスや道路・水道などのインフラへの投資がなされたが、農村社会はそのまま残されてきた。

　東ティモールが近代国家として歩みはじめた中で、こうした農村社会がどのような変容を遂げてきているのか、まだほとんど体系的な調査がなされていないのが現状である。その意味で、今回実施したマナット、アイレウ、

表1　カンボジアと東ティモールの HDI（人間開発指標）の時系列変化

| | | 出生時平均余命（年） | 成人識字率（%） | 全教育レベル合計就学率（%） | 一人当たりの実質GDP（PPP ドル） | 余命指数 | 教育指数 | GDP指数 | 人間開発指数（HDI値） | HDIの順位 |
|---|---|---|---|---|---|---|---|---|---|---|
| カンボジア | 1993 | 51.9 | 35.0 | 30 | 1,250 | 0.45 | 0.33 | 0.19 | 0.325 | 156 |
| | 2003 | 56.2 | 73.6 | 59 | 2,078 | 0.52 | 0.69 | 0.51 | 0.571 | 130 |
| | 2007 | 60.6 | 76.3 | 59 | 1,802 | 0.59 | 0.70 | 0.48 | 0.593 | 137 |
| | 2014 | 68.4 | 73.9 | n.a. | 2,949 | | | | (0.555) | 143 |
| 東ティモール | 1993 | 52.2 | 35.6 | 53 | 374 | 0.45 | 0.41 | 0.22 | 0.362 | |
| | 2004 | 56.0 | 58.6 | 72 | 1,033 | 0.52 | 0.63 | 0.39 | 0.512 | 142 |
| | 2007 | 60.7 | 50.1 | 63 | 717 | 0.60 | 0.55 | 0.33 | 0.489 | 162 |
| | 2014 | 68.2 | 58.3 | n.a. | 5,363 | | | | (0.595) | 133 |

（注）UNDP『人間開発報告書』1996 年版、2005 年版、2009 年版、2015 年版より。東ティモールはこれに加え、UNDP, *Human Development Report 2006 Timor-Leste*, p.10. も参照。2014 年の統計は、『人間開発報告書』2015 年版の数値であるが、2008 年より統計や指数の基準が変わったので、HDI の時系列比較の観点では連続していないことに注意。

図1　カンボジアと東ティモールの HDI の比較（2010-2014 年）

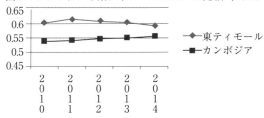

（注）UNDP, *Human Development Report 2015* より作成。

リキサの三つの県の六つの村（suco）で実施したアンケート調査は、東ティモールの社会関係資本の実態をかいまみる上できわめて意義深いと考えられる。

　なお、カンボジアと東ティモールの過去 10 年間の生活状況の変化を比較するために、もっとも基本的な統計として、両国の HDI（Human Development Index：人間開発指数）の推移を対比させた表を表1で示した（なお、2008 年以降の統計は、計測基準の変更により、それ以前との時系列比較が不可能である）。

　全体的な傾向として、カンボジアは着実に開発が進んでいるのに対し、東ティモールは、2007 年時点では以前より開発の数値が低下しているこ

とがわかる。また、開発水準としてもカンボジアの方が東ティモールよりも全体に上である。

　一方、2008年以降は新しい基準でHDIが計測されており、この新しい基準では東ティモールのHDIの方がカンボジアよりも数値が高い。その数値の2010年から2014年までの推移を示したのが、図1である。この図ではカンボジアのHDIが徐々に向上しているのに対し、東ティモールのHDIの数値は停滞している。一方、2014年のHDIのカンボジアの世界順位は143番目なのに対し、東ティモールのHDIの世界順位は133番目で東ティモールの方が良いとされており、集計の仕方によって、HDIの評価も変わることが示されている。

　ここから言えることは、生活のレベルを測る手段として、国際機関のマクロな統計数値だけから判断するのではなく、直接面談など質的なインタビュー調査をすることは、生活実態を把握する上でとても重要であるということである。

## 第2節　東ティモールにおける社会関係資本調査

### （1）本論の分析方法

　本論をまとめるにあたっての手法として、カンボジアと東ティモールにおける社会関係資本（social capital）と社会厚生（social wellbeing）を、統計的に有意な規模でのアンケート調査や、質的ヒアリング調査を通じて実証的に把握した。

　東ティモールにおいては、第1章でのべたカンボジアと同様の内容のアンケート調査を、2012年3月にマナツト（Manatuto）県の三つの地区で、合計100サンプルを抽出してパイロット的に実施した。その後、社会厚生に関する質問を追加して、2014年の11-12月に合計250サンプルのアンケート調査と質的ヒアリング調査を実施した。対象地域もマナツト県に加え、西部の山間部にあるアイレウ（Aileu）県と、西部の海岸沿いで西ティモールに隣接するリキサ（Liquica）県の三つの県の合計六つの村（suco）でアンケート調査を実施した。

両国のアンケート調査および質的なヒアリング調査の結果を比較することによって、伝統的な社会関係資本と近代的な「市民社会」的要素の実態を分析した。また、比較検討の中からカンボジアと東ティモールの相違点とそれに影響を与えた要因を分析し、より一般的な紛争後の社会変化のメカニズムや教訓を導き出すべく努力した。

### （2）本論の仮説

　アンケート調査で具体的な数値として浮き彫りにしようとしたのは、特に次のような論点である。

　①家族・コミュニティ・政府行政といった異なるレベルの主体に対する、住民の「信頼度」の違いとその背景。

　②家族・親族やコミュニティとのつながり、土地問題への対処の方法、等の伝統的社会関係資本とその変容の実態。

　③住民のさまざまなリスク（貧困や生活状況、あるいは紛争や政治的抑圧・災害等）の認識の実態。

　④近代化の波の具体的影響、「市民社会」的な社会関係資本の具体的な把握（たとえばコミュニティ活動への参加、マイクロ・ファイナンスの普及、政治参加、等）。

　東ティモールの社会関係資本については、世界銀行が2010年に出した「信頼、権威、政策決定」というテーマの社会関係資本に着目した報告書（World Bank, 2010）があるほか、国連機関などによる独立後の東ティモールのコミュニティ強化のための支援に焦点をあてた宮澤尚里（Miyazawa, 2011）等の業績がある。また、農村開発に関連する事業のベースライン調査として、JICAがかなりの数の世帯に対してアンケート調査を実施しているが、この報告書は残念ながら公開資料とはなっていない。

　本章では、カンボジアと東ティモールというアジアの典型的な紛争後（ポスト・コンフリクト）国である両国を比較することによって、過去の紛争の傷跡がどのように社会あるいは社会関係資本に影響を与えているか、新しい国づくりの中で「近代化」や「グローバル化」の波がどの程度社会に波及し、「市民社会」的な要素がどの程度生み出されているのかといった

点を明らかにしようと試みる。

　本章でとりあげるアンケート調査は、東ティモールにおいてはほとんどなされてこなかった調査であり、こうしたアンケート調査や現地でのヒアリング調査を通じて、上述の仮説をもとに今日の東ティモールの経済社会の状況を具体的に検証してみることには、大きな意味があると考えられる。

## （3）調査対象地域

　東ティモールでは、2012年3月に、首都ディリから東に車で1時間程度の距離にある地方農村であるマナツト県において、100サンプルの世帯に対して、カンボジアで実施したのと同じ内容のアンケート質問票を使った調査を実施した。アンケート調査は現地語（テトゥン語等）による面談方式であるため、作業の実施を、東ティモールのローカルNGOでカナダ系列のUSC Canadaという団体に委託した。この団体は2014年12月に東ティモール現地NGOとして組織変更を行い、名称もRAEBIA[1]と改称したが、東ティモールではこうした調査を実施しうる能力を持った数少ないNGOである。

　このアンケートが行われた地域（マナツト県）は図3に示した地域である。東ティモール全体を見てみると、マナツト県は、首都ディリの東方、約50km辺りのところにあり、図2でもわかるようにかなり広く、100サンプルの調査は、南北に広がる地域のうち、①海に近い地域ウマ・カドゥアック（Uma Caduac）、②山の地域マネリマ（Manelima）、③その中間バタラ（Batara）、という三つの場所を選び、それぞれ3分の1ずつに割り振って調査データの収集を実施した（図3）。最も高度の高い山の地域マネリマは海抜1800メートルを超える地域帯にある。山の地域は地形が急峻なために、豪雨による崖崩れ・山崩れ、落石、浸食による斜面災害や地すべりが起こる地域が広く分布し、地すべりが多く発生し道路が通行止めになることもしばしばある。この三つの地域に分けてアンケート調査を実施したのは、海に近い米どころの平地、山間部、その中間で、生活状況の違いがアンケートの結果に何らかの形で反映されるのではないかという仮説を検証するためである。

図２　東ティモール地図
（注）United Nations, Geospatial Information Section より。
（http://www.un.org/Depts/Cartographic/map/profile/timor-leste.pdf）

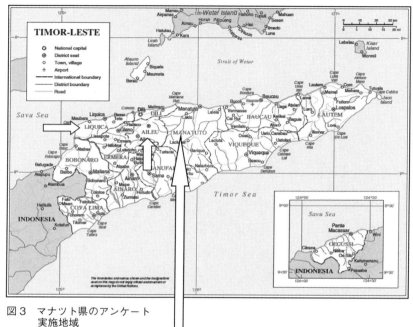

図３　マナツト県のアンケート
　　　実施地域

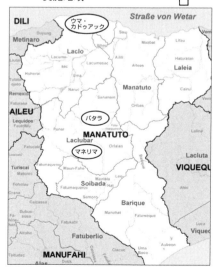

　一方、2014 年末に実施した 250
サンプルのアンケート調査は、マ
ナツト県では、2012 年のパイロッ
ト調査と同じ３カ所で、マナツト
県の北（海岸沿い）から順にウマ・
カドゥアック、バタラ、マネリマ
の三つの地域、さらにアイレウ県
の隣接する二つの地域ファトゥ
ラサ（Faturasa）とファダブロコ
（Fadabloko）、また、リキサ県の
ダト（Dato）の六つの村で実施
した。ディリから南西の山間部の
アイレウ県と東ティモール西部の

リキサ県のさらに西部にあるダトを比較対象地域としてとりあげることで、何らかの地域差が把握できるのではないかという仮説にもとづく。都会であるディリをとりあげるとよいのではないかという考えもあったが、ディリは東ティモールの中ではやや特殊な地域なので、今回のアンケート調査対象地域としてはあえてとりあげなかった。

なお、アンケート票の内容は、2011 年のアンケート票を基礎に、社会厚生に関する主要なアンケート項目（例えば生活の満足度、等）を追加した。

## 第3節　東ティモールの人々の経済社会状況

### （1）人々の生活状況

東ティモールの人口は、2010 年の国民調査時点で 1,066,409 人、2015 年時点で 1,183,643 人であった（Sensus Fo Fila Fali 2010 および 2015 より）。

表2をみると、県・村によって、開発の度合いにある程度の差があることがわかる。たとえば、マナツト県の中でも海岸沿いの村（ウマ・カドゥアック）は平地であり漁業もできることから比較的開発指標が良好で、就学率や携帯電話・テレビ・オートバイなどの所有比率も比較的高く、内陸

表2　3県6村の開発関連指標（2010 年の統計）

| 地域（県） | マネリマ | | | アイレウ | | リキサ |
|---|---|---|---|---|---|---|
| 村（Suco） | ウマ・カドゥアック | バタラ | マネリマ | ファトゥラサ | ファダブロコ | ダト |
| 人口（人） | 2,967 | 1,766 | 2,468 | 1,053 | 1,642 | 8,109 |
| 成人識字率（％） | 63.0 | 47.6 | 60.0 | 60.3 | 57.1 | 90.6 |
| 小学校就学率（％） | 42 | 28 | 29 | 44 | 43 | 31 |
| 携帯電話所有率（％） | 42.7 | 21.8 | 10.3 | 36.6 | 29.0 | 75.7 |
| テレビ所有率（％） | 15.8 | 5.8 | 3.1 | 3.4 | 1.2 | 39.3 |
| オートバイ所有率（％） | 7.3 | 2.2 | 0.9 | 4.8 | 2.4 | 21.5 |
| 平均年収（米ドル） | 1,181 | 1,284 | 1,269 | 1,250 | 1,359 | 1,318 |
| | 1,245 | | | 1,304 | | |
| サンプル数 | 30 | 50 | 40 | 40 | 50 | 40 |

（注）（Sensus Fo Fila Fali 2015. より筆者作成。

マナツト県の海に近い地域ウマ・カドゥアック

マナツト県の山の地域マネリマ

の山間部にいくほどそれらの比率は低くなっている。また、リキサ県のダト村は、土地に恵まれ漁業もでき人口も多く、開発関連指標は6村の中では最も良い。そうした生活上の開発の進展度と資産の違いは、最も良好なダトと最も貧困なマネリマを対比させると、いっそう顕著である。

　また、六つの村各々の平均年収は、表2にあるように、1,181ドルから1,359ドルの間であった。六つの村の間で、大きな差はないともいえるが、ファダブロコの平均年収が一番高い。三つの地域で違いがあるかといえば、県ごとの違いよりは、同じ県の中でも、村の間で、地形や村長と村民の取り組みで違いが生じているケースがある。その代表的な例が、アイレウ県のファトゥルサとファダブロコの二つの村の違いである。

　この両コミュニティはそれほど距離の離れていない隣り合わせの村であるが、ファダブロコは主要農作物（米、トウモロコシ、豆、コーヒー、バナナ等）の収穫高に関して、ファトゥルサの2倍ほどの収穫をあげているほか[2]、村民の村の活動への参加意識や生活の満足度がきわめて高い[3]。これは、ファダブロコでは、村のリーダーのリーダーシップのもと、村民全体で農業収入向上のための組合活動に取り組んでいることが、収入の向上にも効果を示していると推測される（両村の村長・村民への直接ヒアリングによる）。すなわち、東ティモールの場合、異なる県の地域差は開発の数値上はそれほど顕著には明らかではなく、むしろ、村の生活実態や社会意識は村のリー

ダーの能力や考え方に左右されるところが大きいのではないか、というのが仮説である。

なお、東ティモールの調査対象の６村はいずれも農村であり、カンボジアの農村（バ・バオン村）との比較の観点から主要な開発関連指標を対比させたのが、表３である。

東ティモールの３県６村のそれぞれの平均年収は、表３の左のように、1,284 米ドルであり、これは、カンボジアの農村（バ・バオン村）の平均年収 1,780 米ドルよりもさらに少ない。この数値の信頼度には疑問もあるが、

マナツト県の農村家族（2014）

アイレウ県の農村家族（2014）

表３　東ティモールの６村とカンボジアの農村の生活状況の比較

| | 東ティモールの６村平均 | カンボジアの農村（バ・バオン村） |
|---|---|---|
| 家屋の所有 | 持家 100％（うち 1％ 親類所有） | 持家 76％、借家 24％ |
| 職業 | 農業 95％、家族ビジネス 3％ | 農業 1％、自営業 52％、民間企業従事 14％ |
| 教育 | 小学校未卒業 73％、高卒以上 7％ | 小学校未卒業 45％、高卒以上 11％ |
| 居住年数 | 11 年以上 84％、10 年未満 16％、平均 33 年 | 11 年以上 69％、10 年未満 31％ |
| 水アクセス | 井戸 37％、水道 65％ | 井戸 67％、水道 27％、飲み水購入 7％ |
| 下水 | 自家処理 99％、回収処理 1％ | 自家処理 28％、回収処理 72％ |
| 市民的参加 | 組合参加 86％ | 自警団 81％、葬式 9％、人権組織 2％ |
| 移動手段 | バス 10％、ミニトラック 75％、バイク 13％ | モータータクシー 18％、バイク 66％ |
| 携帯電話等普及率 | 50％（テレビ 17％） | 93％（テレビ 91％） |
| 平均年収 | 1,284 ドル | 1,780 ドル |
| 平均世帯人数 | 7 人 | 5 人、2 世代居住 55％ |
| 回答者性別 | 男性 68％、女性 32％ | 男性 26％、女性 74％ |

（注）2014 年の東ティモールおよび 2011 年のカンボジアでのアンケート調査より集計。

東ティモールの農村では、全体として、まだ低所得の状態であることが推測される。また、農業従事者の比率、未就学人口の比率（小学校も卒業していない人の割合）、携帯電話やテレビ・オートバイ等の所有世帯比率など、いずれの面でも東ティモールの６村の平均の方がカンボジアの農村（バ・バオン村）よりも低く、東ティモールの農村はカンボジアの農村よりも開発が遅れていることがみてとれる。

## （２）マナツトの直接ヒアリングの例

なお、2012年9月、上記のマナツト県の海岸沿いの２世帯の農家に直接ヒアリングをする機会が得られた。[4] 東ティモールの農村家族の生活実態を知るうえで典型的な事例でもあるので、その概要を以下で紹介しておくことにしたい。

東ティモール・マナツト県の農家でのヒアリング

ヒアリング対象のうちの一世帯はかなりの大家族で、7人の子供のほか、親族合わせて合計21人で暮らしている。もう一世帯は、そこから15分くらい歩いた別の農家であるが、その世帯は子供5人を含め8人暮らしである。いずれも農民兼漁民である（海が近いため漁も日常的に行う）。土地は先祖代々の自分の土地である（東ティモールでは基本的にこのような形で所有権が認められている）。

農業は主として自給のためであり、イモ・豆・野菜などを作っている。現金収入はむしろ漁によるものである。また近くの木々（枯れた木々）を切って薪として道

路沿いで販売している（一束25セントで販売）。水は山からパイプで引いている（NGOの支援で設置）。病気になったときは、近くにあるクリニックに行く（インドネシア統治時代に作られたとのこと）。

　小学校は昔はなかったが、今は小学校・中学校とも徒歩10分程度のところにある。子供の多くは小学校に通っているが、上の娘は最近小学校をやめた（現在26歳で、結婚にともない中退。なお、東ティモールでは、これまで初等教育就学率がきわめて低かったため、かつて学校にいけなかった人を含め、小学校には6歳から25歳くらいまでの人が通っていたりするのは普通にみられる現象である）。

　政治には関心はない。理由は、政治家は約束ばかりでそれが実現した試しがないからであり信用できない、とのことであった（後述するように、これは、東ティモールでのアンケート結果の多くが「政治には関心がない」と回答していることと整合している）。

## （3）生活の満足度

　図4は、生活に対する満足度を聞いた答えの集計結果である。これをみると、多くの住民が、生活に対して比較的満足していることがわかる（「とても満足」が14％、「ある程度満足」が48％、「そこそこ満足」が25％で、これらの合計は86％に達する）。

　このように生活の満足度が比較的高い理由として、いくつかの仮説が考えられる。一つは、住民の生活は依然として貧困状況にあっても、生活が着実に改善されていることが実感されているからではないかと解釈できる。たとえば、過去3年間の生活改善状況の認識を聞いたアンケート調査の結

図4　生活の満足度（単位：％）

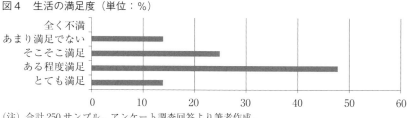

（注）合計250サンプル。アンケート調査回答より筆者作成。

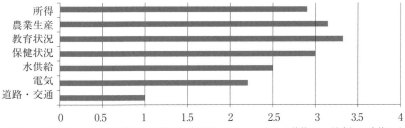

図5　過去3年間の生活改善の認識（2011-2014年）

| 所得 | |
| 農業生産 | |
| 教育状況 | |
| 保健状況 | |
| 水供給 | |
| 電気 | |
| 道路・交通 | |

（注）　合計250サンプル。改善度を回答の加重平均で0から4までの数値(4が最大)に変換した
数値。（4がVery much、3がsome、2がso 1がnot much、0がnot at all）

果によれば、図5に見られるように、改善度合い（改善度を0から4まで
の数値［4が最大］に変換した数値）をみると、農業（生産）や所得をはじめ、
教育状況や医療状況などの社会インフラは大きく改善していると認識され
ており、水や電気へのアクセスも比較的改善傾向にあることがわかる。た

アイレウ県の劣悪な道路状況

アイレウ県の村（水と電気が来ている）

だし、交通インフラについて
は、あまり改善が見られない
との回答であった。

　実際、東ティモールでは2005
年頃から石油・天然ガス収入が
入るようになり、2014年頃に
なると、山間部も含めて電気が
来るようになっている。また、
水については、川から水道管を
引いて各村の各世帯につなげ
る水供給システムがかなり広
まっている印象であった。そ
の一方で、道路状況はかなり
悪い。特に山間部では道路状
況は悪く、これは、雨季に大
雨で道路が流されることが頻
発するため、道路補修能力が
追いついていないからである。

前頁の写真は、山間部にある村でも水や電気が通っていたりする一方、そうした山間部の村への道路アクセスの悪さの一端を示している。

　もう一つの解釈は、東ティモールでは貧富の格差がそれほど大きくなく、格差がない方が生活の貧しさへの不満が顕在化しにくいというものである。東ティモールの所得格差を測る指標であるジニ係数は31.56であり（2007年、ワールド・データ・アトラスより）、かなり低い。特に地方農村では村の住民はだいたい同じレベルの生活をしており、テレビやオートバイの所有率に多少の差がある程度である。実際、6村のアンケート調査でも、回答された所得水準（平均年収）は1,181米ドルから1,359米ドルの間にあり、カンボジアの農村よりも低い所得であるが6村の差はほとんどない。また、東ティモールではメディアが未だ発達しておらず、地方で新聞などはない。そのため、東ティモール国内の他の地域での出来事や生活の様子を知る機会があまりなく、実際には生じているかもしれない生活の格差を意識する機会がない、ということもいえるかもしれない。

## 第4節　東ティモールの社会と近代化
### ——カンボジアとの比較検討

　ついで、同じ紛争後の国づくりの事例としてとりあげられることの多いカンボジアと東ティモールを対比させて、その違いと背景にある要因について検討してみよう。同じような紛争後の国としてとりあげられることの多いカンボジアでの調査データとの比較では、きわめて類似する点もあるが、かなり異なる結果も出ており、以下では特にその相違点に着目して整理する。

### （1）人々への信頼度とカンボジアとの違い
　内戦の混乱が長く続いたカンボジアと異なり、東ティモールではその騒乱状態は1999年の住民投票の後の一時期にとどまっている。そのため、伝統的な村落共同体はカンボジアと比べて、引き続きより強固に残っているようである。

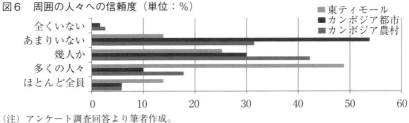

図6　周囲の人々への信頼度（単位：％）

凡例：
■ 東ティモール
■ カンボジア都市
■ カンボジア農村

縦軸：
全くいない
あまりいない
幾人か
多くの人々
ほとんど全員

横軸：0　10　20　30　40　50　60

（注）アンケート調査回答より筆者作成。

　　カンボジアと東ティモールの違いの最も顕著な点は、東ティモール（の農村）では、周辺の人々への信頼度がきわめて高いことである。

　　図6は、「どの程度周囲に信頼できる人がいますか」という質問に対する回答を、東ティモールとカンボジアの都市および農村に分けて示したものである。東ティモールで、「多くの人々が信頼できる」との回答が多いのに対し、カンボジアでは信頼できる人が「幾人か」あるいは「あまりいない」との回答が多く、特にカンボジアの都市部において、そうした伝統的な信頼関係の欠如（あるいは崩壊）が顕著である。

　　また、何に対してどの程度信頼しているかとの質問に対する回答は、図7のようなものであった。「家族」「親類・親戚」に対するきわめて高い信頼度、「友人・知人」や「近隣の人々」に対する信頼度の高さはほぼ共通するが、宗教組織（カンボジアの場合は寺、東ティモールの場合は教会）、NPO・市民団体、警察、学校・病院、村長・村評議会、近隣コミュニティへの信頼度のおいては、東ティモールが高いのに対して、カンボジアはかなり低くなっており、特に軍や消防署に対するカンボジア人の信頼度は皆無に近い。後述するように政治家に対する信頼度はいずれにおいても低い。

　　その一方、東ティモールとカンボジアで共通していたことは、結婚式や葬式等の地域の伝統的な儀礼への参加は、家族、親戚、友人、隣人が多くを占めていたことである。血縁のつながりを超えた地域コミュニティがあることがよくわかる。特にカンボジアの農村では村人の葬式への参加率がきわめて高い。

　　他方、カンボジアや東ティモールのアンケート結果では雇用主や職場の同僚などが結婚式や葬式に参加する割合は低い。日本のような近代化が進

図7　信頼度の比較（単位：%）

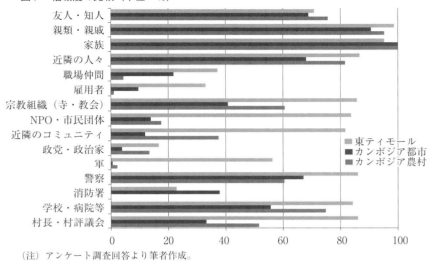

（注）アンケート調査回答より筆者作成。

んだ社会では、家族、親戚のほか、友人、会社の上司や同僚といった社会的なコミュニティとのつながりを強く感じ、地域コミュニティ内のつながりは希薄であるが、両国の事例はいずれもきわめて伝統的な農村社会の特徴を示している。

　ただし、すでに述べたように、カンボジアでは家族・親類への依存度がきわめて高いのに対し、東ティモールでは、家族・親類への依存意識は高いが、村全体のつながりも強い。政府や行政に対する信頼が低い点では、共通点がみられる。


（2）政治への関心

　図8が示すように、東ティモールでは「政治に関心が（全く、あまり）ない」との回答の比率が高く（合計65%）、それに対して、カンボジアでは都市近郊でも農村でも「政治に関心が（とても、ある程度、そこそこ）ある」との回答の比率が高い（合計70-75%）。

　なぜ両国の政治的関心に違いが生まれるのであろうか。東ティモールでは、民主的な政治が定着しつつあると国際的に認識されており、シャナナ・

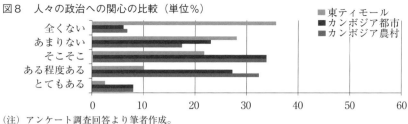

図8　人々の政治への関心の比較（単位%）

凡例:
■ 東ティモール
■ カンボジア都市
■ カンボジア農村

全くない
あまりない
そこそこ
ある程度ある
とてもある

（注）アンケート調査回答より筆者作成。

図9　政治家および村のリーダーの政治活動についての認識（単位%）

凡例:
■ 村のリーダーは村の状況改善のために政治家・政府に支援を陳情しますか？
■ 政治家・政党は村の支援のために村にくるなど努力しますか？

多いに
ある程度
そこそこ
ほとんどない
全くない

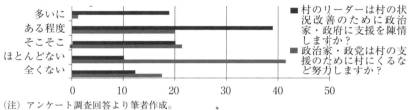

（注）アンケート調査回答より筆者作成。

グスマンやラモス・ホルタのような大統領や首相が国の代表となり、民主的な政策や発言・行動をしており、市民も政治に関心を示し信頼しているのではないかとの印象がある。しかし、実態としては、「政治に関心があるか否か」との質問項目に関して、東ティモールで政治に関心がない一方、カンボジアでは関心がある人が多く、さらに男性よりも女性が政治に関心があることがとても興味深い。

　東ティモールで実施した直接ヒアリングでは、「政治家や政党は選挙のときだけ良いことを言って、結局は実行してくれない」として、政治家への期待度はかなり低い。その一方、中央の有力政党や政治家への陳情は重要であり、村のリーダーがそれらの有力政党・政治家・政府に支援の陳情をすることは重要であると認識し、その成果でリーダーを評価していることが伺われた。図9はそうした現実の政治のあり方の一端を如実に示しているといえよう。


## （3）居住者の移動

　東ティモールでのアンケート調査でも、カンボジアと同様、居住年数

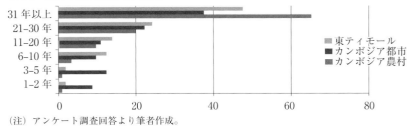

図10　居住年数の比較（単位%）

（注）アンケート調査回答より筆者作成。

を聞いた。「11 年以上」は 84%、「10 年以下」が 16% で、平均居住年数は 33 年であった。カンボジアの農村（バ・バオン村）での数値をみると、「11 年以上」は 95%、「10 年以下」は 5% ほどであり、それと比較すると長く居住する人の割合は高くはないが、カンボジアの都市近郊よりははるかに居住年数が長い。

　東ティモールは伝統的な農村社会の色彩が強いにもかかわらず、カンボジアの農村よりは住民の出入りの比率が高いのは、次のような理由からだと推測される。すなわち、① 1999 年の騒乱の際、インドネシア併合派の住民は約 20 万人ほどが西ティモール等にのがれて、その一部は戻らないままである。②インドネシア統治時代にインドネシア人が購入・入植した土地の多くが土地所有権が曖昧になった。そのため、彼らの土地に新住民が定着した事例が少なからずある、といった要因が推測される。

## （4）過去の紛争の傷跡——教育面の課題

　カンボジアも東ティモールも、教育の現状は良くなく、小・中学校に行ったことがあっても卒業した人は少なく、大学ともなると行ったことのある人はほとんど 0 に近い。

　教育水準については両国ともに小学校を卒業していない人が約 7 割である。しかし、小学校を卒業していない人には、小学校を中退した人と小学校に入学すらせず学校に行ったことがない人という二つのグループがあり、その比率は大まかにカンボジアでは 5 対 2、東ティモールにおいては 2 対 5 という比率であり、小学校に入学すらしていない人の比率が高い。このことから、カンボジアでは東ティモールよりも教育機関は設けられていた

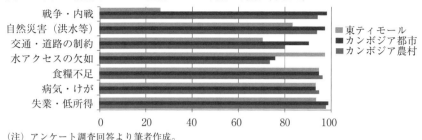

図 11　人々に認識されている生活リスクの内容・対象（単位%）

（注）アンケート調査回答より筆者作成。

が、内戦等により学校に行くことができなかった世代が多いのに対し、東ティモールでは子供の教育環境そのものがまだ十分に整備されてこなかったという状況があると推察される。

## （5）生活リスクの認識

　図 11 に示されるように、東ティモールでは生活のリスクとして、カンボジアと同様に食糧不足や病気やけが、失業や低収入という回答が挙げられていたが、戦争や内戦、武力衝突に関してはあまり生活のリスクと感じていないという結果であった。

　東ティモールの場合、1999 年の騒乱は、独立が決定したことによる一時的な混乱であり、長きにわたって異なる政治勢力の間で内戦が行われたわけではないという事情が反映していると思われる。そのため、東ティモールには地雷もなければ、武器が全土にわたって広まったわけでもない。東ティモールにおいては、1999 年の騒乱時に物理的には多くの建物が破壊されたにもかかわらず、幸いなことに、心理的には紛争の傷跡はかならずしも大きくはないということができるようである。逆にいえば、カンボジアの内戦の傷跡は、特に人々の心理・政治意識に大きな影響ないしトラウマを残していると考えられる。

## （6）土地をめぐる争い

　土地問題は、紛争のあった国ではその所有権が曖昧であったり錯綜していたりする場合が多く、またそのことが新たな紛争の種になりかねないた

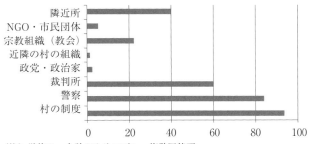

図12 「土地争いが生じた際、どこに調停を申し出ますか」という質問への回答

（注）単位％。合計250サンプル。複数回答可。

め、土地問題は大きな課題である。

　東ティモールにおいては、ポルトガル統治時代の土地所有権の上に、インドネシア統治時代の土地所有権の付与がなされ、更に東ティモールになってからの土地所有権が重層的にかさなる。インドネシア時代の旧政権の土地の多くは東ティモール政府の土地とされたものの、政府高官や政治家がそれらの土地を私有化した事例も少なくないとされ、土地の帰属問題は決着しているわけではない。また、1999年の騒乱の際に西ティモール等にのがれたインドネシア併合派の住民の中には元の住居に戻らなかったケースも少なくないとされ、帰属不明確な資産も多数ある。そうした中で、土地台帳の整備が進められてきたが、その進捗は遅い。また、土地法の未整備は、海外からの投資の際の用地取得の際の制約になるケースも多いとされる。

　コミュニティの中の土地の境界は、隣人同士の争いになることも少なくないため、国際社会（USAIDなどの援助機関）は、土地紛争の調停メカニズムの整備支援を行ってきた。実際に土地争いが生じるケースも少なくないとされ、アンケート調査では、そうしたコミュニティ内で土地争いが生じた場合の調停メカニズムについて質問した。

　2014年のアンケートへの回答をみると、「土地をめぐる争いが生じた際、どこに調停を申し出るか」という質問に対し、裁判所との回答比率が60％、警察との回答比率が72％あり、これらの数値は、近代的な司法システムがしだいに整備されてきたことの証左かもしれない。その一

方で、村長の仲裁などのコミュニティ内の調停制度との回答が92%、近隣の村民との回答が40%あり、こうした伝統的なコミュニティ内での仲裁メカニズムも、依然として大きな役割を果たしていることがみてとれる（いずれも複数回答可の場合の比率、図12参照）。東ティモールには「タラ・バンドゥ」といった伝統的な村のルールも存在し、東ティモール政府はこうした伝統的な慣習法を近代的な法制度に取り込む努力をしている（Miyazawa, 2011）。アンケート調査結果は、こうした両者が併存する状況を示しているともいえよう。

### （7）NGO の役割と小規模融資の拡大

　東ティモールでも、カンボジアと同様、数多くの NGO が存在する。1999年の住民投票直後の騒乱と新たな独立国としての国づくりを支援するため、CARE や World Vision といった国際的に著名な NGO や、隣国オーストラリアをはじめ米国・英国・カナダ・ポルトガルなどの NGO が東ティモールに入り、支援活動を行い、また援助機関の援助の受け皿として活動してきた。そうした援助の受け皿としての現地 NGO は、その活動を通じて現地スタッフの能力向上を行い、引き続きさまざまな活動を行っている。主要な活動分野は、コーヒー栽培の技術向上と販路の拡大努力、ココナッツ、マンゴー、芋などを原料とする農産加工品の製造・販売等であったり、縫製技術を教えてバッグ、テーブルクロスなどの民芸品を製作することであったりする。また、水や森林（木材資源）の共同管理と環境保全のため

図13　コミュニティの共同活動の内容

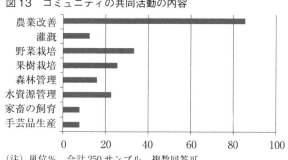

（注）単位%。合計250サンプル。複数回答可。

の組合活動も、いくつかのドナーの支援を受けながら実施されている[5]。

　さて、コミュニティ内の生計向上活動への参加に関しては、全250世帯のうち215世帯（86%）と、きわめて高い比率を示している。図13は、コミュニティー・ベースの活動分野を示したものであるが、その活動の多くは、米・芋・豆・コーヒー等の作物の農業改善事業であり、野菜・果樹栽培がそれに続く。水管理の共同活動もあるが、ヒアリングによれば、これは主として女性の役割であり、水源（川等）からのパイプの管理は女性中心になされているとのことである。なお、東ティモールのアンケート調査で、こうした農業を中心とした組合活動が盛んであるという結果が出ているのは、一つには、本アンケート調査の実施対象村として、アンケート調査を委託したRAEBIAが生計向上支援の活動をしている村が選択されていることが影響しているとも考えられる。

　他方で、マイクロ・ファイナンスを活用した世帯数は、全250世帯のうちわずか14世帯にすぎず、東ティモールでは小規模金融の枠組みは必ずしも広まっているとはいえない。むしろ、東ティモールでは、小規模金融機関から個人で資金を借り入れて事業をするのではなく、組合活動の中でコミュニティ全体で活動に従事することが多く、より集団主義的な農村社会の性格が色濃く出ているといえよう。

　また、この14世帯の小規模金融の使途は、農業改善、野菜栽培、家畜飼育といった農業分野が多い。なお、この小規模金融の貸し手は、「組合」が6件、「Moris Rasik」が5件、「Tuba rai metin」が3件である。「Moris Rasik」「Tuba rai」はいずれも、東ティモールに設立されたNational Insurance Timor Leste（NITL）のマイクロ・ファイナンス事業の実施団体であり、この事業は2012年4月に開始され、2012年末までに34,000世帯が加入したとされる。NITLは、国連機関やオーストラリア援助庁（AUSAID）、経済開発省（MoED）と協力関係にある[6]。

## 第5節　まとめ——東ティモールにおけるアンケート調査の意義と課題

　東ティモールでのアンケート調査は、2012年のパイロット調査では1

県（マナツト県）の 100 サンプルにとどまっていたが、2014 年末に 3 県 6 村の 250 サンプルに拡大して実施した。3 県 6 村はそれぞれに地形や農業生産に関して違いもあるが、いずれも東ティモールの典型的な農村である。

　東ティモールは、カンボジアと比較してもより伝統的な農村社会の様相を呈している。カンボジアと比較すると、コミュニティの隣人への信頼度が高く、農作業をはじめとしてコミュニティの共同活動への参加度も高い。土地をめぐる争いに際しても村長やコミュニティ内の調停の果たす役割が大きい。また、マイクロ・ファイナンスの仕組みも、カンボジアでは民間の銀行融資制度が発達してきたのに対し、東ティモールではコミュニティを中核として組合活動の比重が高い。

　その一方で、リスク認識に関しては、いずれも食糧不足、水へのアクセス、病気・けがといった生活上のリスクに対する意識が強い。「人間の安全保障」上のリスクが主であるのは、開発途上の国の特徴ともいえよう。2014 年末の東ティモールでのアンケート調査では、生活の満足度の調査を実施したが、比較的満足度が高いのは、生活環境が着実に改善してきていることによるところが大きいと判断される。カンボジアではこうしたヒアリング項目がなく、比較する数値がないのは残念である。

　カンボジアと東ティモールというアジアの典型的な紛争後（ポスト・コンフリクト）国である両国を比較することによって、過去の紛争の傷跡がどのように社会あるいは社会関係資本に影響を与えているか、新しい国づくりの中で「近代化」や「グローバル化」の波がどの程度波及し、「市民社会」的な要素がどの程度生み出されているのかといった点を、こうしたアンケート調査や現地でのヒアリング調査を通じてある程度具体的に検証することができたことは、大きな成果であった。

　第 1 章でとりあげたカンボジアと同様、個別テーマとしても、たとえば、土地を含むコミュニティ内の紛争処理メカニズム、保健医療・貧困対策などの実質的な社会保障制度のあり方、政治参加や市民社会意識、マイクロ・ファイナンスの役割などのテーマは、今回の調査研究を通じてその現況が把握できた程度であり、更に深めていくべき重要なテーマであろう。

　また、本調査では、異なる質問から得られた数値・データをクロス集計

して、どのような要因が生活の満足度やリスク認識に影響を与えているか、といった統計的な分析はまだ不十分である。また、カンボジアや東ティモールで得られた数値が、ほかの東南アジア諸国とどのように異なり、その相違の要因が何であるか、といった分析もまだ手つかずである。こうした分析は今後の課題である。

## ◆コラム◆ 日本の援助と中国の援助の対比

筆者は2002年の東ティモールの独立直後から今日に至るまで何度も東ティモールを訪れているが、とりわけ首都ディリのインフラの改善は著しい。シャナナ・グスマンが独立に際して演説をしたカテドラル（教会）は、独立時点では破壊され骨格しか残っていなかったが、世界のキリスト教会からの寄付などを受けて改修され今はとてもきれいである。

また、日本や中国の援助によって整備された施設も少なくない。ただし、日本と中国とでは援助の重点はかなり異なる。ディリでの日本の最大案件の一つはディリ港の復旧整備事業であり、これによってコンテナなど輸出入物資の取扱量が拡大し東ティモールの経済に貢献している（右の写真）。他方、中国の援助案件の中核は、大統領府や外務省や軍司令部などの政府関連ビルの建設である（次頁の写真）。こうした政府庁舎の建設は、東ティモールの国家としての強化につながることは間違いないが、外交関係の強化をめざしたきわめて政治的な案件であること

日本によるディリ港の改修整備（工事中）

完成後のディリ港

も確かである。どちらも東ティモールのインフラの改善に貢献しているが、東ティモールの国づくりに対する日本と中国のアプローチの違いを示す事例の一つであるといえよう（写真はいずれも筆者撮影、上段の工事中の写真は2008年時点、下段の完成写真は2012年時点）。

中国による外務省ビルの建設（工事中）

完成後の外務省ビル

注
1 Resilient Agriculture and Economy through Biodiversity in Action の略。
2 東ティモール統計局（2015）Sensus Fo Fila Fali（Faturasa, Fadabloko）より。
3 2014年夏に実施した東ティモール現地調査のヒアリングにもとづく。
4 専修大学国際経済学科の授業である「海外特別研修（東ティモール・シンガポール）」の現地研修の一環として。
5 本アンケート調査の実施を引き受けた RAEBIA は、JICA の環境保全事業の支援をうけ、それによって活動費とスタッフの給料をまかなってきた時期がある。
6 Micro Capital の HP より。（http://www.microcapital.org/microcapital-brief-national-insurance-timor-leste-nitl-tuba-rei-metin-moris-rasik-introduce-life-microinsurance-products/）

［参考文献］
World Bank（2010），"Trust, Authority, and Decision Making: Findings from the Extended Timor-Leste Survey of Living Standards", *Justice for the Poor Briefing Notes*, Vol.5, Issue 1.
Babo-Soares, Dionício（2002），"Challenges of the Political Transition in East Timor." In Hadi Soesastroand Landry Subianto（eds.），*Peacebuilding and Statebuilding in East Timor*, pp.12-38, Jakarta: Centre for Strategic and International Studies（CSIS）.

Cummins, Deborah (2010), "Democracy or Democrazy?: Local Experiences of Democratization in Timor-Leste." *Democratization*, 17(5): 899-919.

Da Silba, Antero Benedito, & Kiyoko Furusawa (2014), "Land, state and community reconstruction: Timor-Leste in search of a sustainable peace", in Shinichi Takeuchi (ed.), *Confronting Land and Property Problems for Peace*, Routledge.

Hughes, Caroline, Edward Newman, Roland Paris, Oliver P. Richmond (eds.) (2009). "We just take war they offer: Community Empowerment in Post-war Timor-Leste", in *New Perspectives on Liberal Peacebuilding*. Tokyo, UNU.

Miyazawa, Naori (2011), "Post-conflict assistance to Timor Leste for reforestation and community recovery", in Carl Bruck, Mikiyasu Nakayama, & Ilona Coyle (eds.), *Harnessing Natural Resources for Peacebuilding: Lessons from U.S. and Japanese Assistance*, Environmental Law Institute (Washington D.C.).

MoF (2010), *Sensus Fo Fila Fali: 2010*, TL Government document.

MoF (2015), *Sensus Fo Fila Fali: 2015*, TL Government document.

MoF (2015), *Millennium Development* Goals *2015 Timor-Leste*, TL government document.

MoF (Fragility Assessment Team) (2013). *Summary Report*. Dili, TL government document.

UNDP (2006). *Timor-Leste Human Development Report 2006: The Path out of Poverty*, Darwin, Australia.

UNDP (2011), *Timor-Leste Human Development Report 2011: Managing Natural Resources for Human Development*.

UNDP (2015), *Human Development Report 2015*.

旭英昭『平和構築論を再構築する――日本はイニシャティブを発揮できるか（増補改訂版）』日本評論社、2015 年

猪口孝『データから読むアジアの幸福度――生活の質の国際比較』岩波書店、2014 年

久木田純『東ティモールの現場から――子どもと平和構築』木楽舎、2012 年

蜂須賀真由美「外部者が定義するエンパワーメントから当事者が定義するエンパワーメントへ――東ティモール・コミュニティ・エンパワーメントプロジェクトを事例として」、佐藤寛『援助とエンパワーメント――能力開発と社会環境変化の組み合わせ』アジア経済研究所、2005 年

花田吉隆『東ティモールの成功と国造りの課題――国連の平和構築を越えて』創成社、2015 年

東大作『平和構築――アフガン、東ティモールの現場から』岩波書店、2009 年

山田満編『東ティモールを知るための 50 章』明石書店、2006 年

# 第3章
# ベトナムにおける
# 社会的安全網の南北比較

## はじめに

　ベトナムと日本の関係は、1986 年のベトナムの改革（ドイモイ）の開始と 1992 年の日本のベトナム援助の再開によって、過去四半世紀の間に急檄に進展してきた。その間、ベトナム経済は急速に発展し、人々の生活も見違えるように改善・向上してきた。その一方で、政治体制に関しては、ベトナムでは依然として社会主義の制度が温存されており、ベトナム国民の生活は昔ながらの社会主義的な枠組みの中に留められている面もある。ベトナムの一般的な農村の住民がどのような生活をしており、社会主義的な制度の中で失業、病気、老後の生活などの問題にどのように対処しているのかについては、近年、さまざまな研究が公表されるようになったが（岡江、2004）（坂田、2013）、その実態を調査した研究はけっして多くはない。

　本章では、ベトナムの社会的安全網（ソーシャル・セーフティネット、以下 SSN と略称）の状況について、ベトナム社会科学院社会学研究所の協力を得て実施した現地調査にもとづく成果を整理して紹介したい。2014 年 10-11 月に、ベトナム北部のポー川（紅河）デルタと南部のメコン・デルタの二つの地域のコミューンで、現地ヒアリング調査を実施することができた。ベトナムでこうした地元の組合や世帯への直接ヒアリング調査をするには、ベトナム政府の事前の了解が必要であり、また、現地カウンターパートの協力が不可欠である。筆者は、幸いなことに、専修大学とベトナム社会科学院との共同プロジェクトの形で、ベトナム側の全面的な協力を得ることができたので、ここでその成果を紹介しておくことにしたい。[1]

　なお、本研究調査が実現した背景には、専修大学とベトナム社会科学

院社会学研究所との間で、「社会関係資本」に関する先行する研究調査があったからであるともいえる。これは、2009年度から2013年度にかけて、東アジアと東南アジアの8カ国について、①生計の運営と向上、②社会的セーフティネット、③社会儀礼・慣習・規範、の三つに焦点をあてながら、各国の社会関係資本の現実についてアンケートをもとに統計的に集計・分析して数値で把握しようとするものであった。ベトナムにおいては、2010-2011年度にかけて、北部のナンディン省ザオトゥイ地区ザオタン村を調査対象地として、100サンプルの住民世帯を抽出して、その生計・生活条件・社会的セキュリティ・社会慣習・規範といった項目についてアンケート調査を行い、ベトナムの地方コミュニティにおける社会的規範と価値、社会関係資本を概観し分析した（嶋根、2013）。

　また、こうしたベトナム社会科学院社会学研究所と専修大学の研究交流の中で、ベトナム社会科学院社会学研究所の研究者であるダン・チー・ヴェト・フーオン（Dang Thi Viet Phuong）女史が、「集合的生活：ベトナム北部農村地域における自発的組織の社会学（*The Collective Life: The Sociology of Voluntary Associations in North Vietnamese Rural Areas*）」と題する博士論文を作成し、書物として刊行されている（Dang, 2015）。これは、ベトナムの紅河デルタのドンカン（Dong Quang）コミューンとザオタン（Giao Tan）コミューンの二つのコミューンを研究調査の対象地域として、「自発的組織（Voluntary Association）」の実態とそれらが果たしている社会的機能・役割についてまとめたものである。本章の研究調査は、ベトナム社会科学院社会学研究所との間でなされた、そうした先行ないし関連する社会調査・研究の延長として実施されたものでもある。

## 第1節　社会的安全網に関する調査の目的と分析の視点

### （1）東アジアにおける社会的安全網の導入

　東アジア諸国・地域では、1990年代の改革開放の動きや民主化の潮流、1997年のアジア通貨危機の発生とその教訓としてのSSNの導入、少子高齢化の急速な進展とそれへの対応、といった動きを契機として、福祉国家

への関心が強まり、社会保障制度の整備に向けて努力しつつある。

　SSN の目的は三つあるといわれており、第 1 に、不測事態が発生した
ときの損害を最小にすること、第 2 に、被害が生じたときの補償を行う制
度をあらかじめ用意しておくこと、第 3 に、SSN の存在によって安心感
が与えられたことによる効果を期待すること、である[2]。

　また、SSN は、健康保険や失業保険、年金制度などの社会保障を含む
広範囲な所得保障政策ないし福祉政策として広くとらえることができるが、
一方では低所得者ないし貧困者に対して政府が所得保障のために生活保護
費などを支給する制度を SSN として限定してとらえる見方もある[3]。要す
るに、SSN は、「傷病や失業、貧困など個人の生活を脅かすリスクを軽減し、
保障を提供する社会的な制度やプログラムを総称するもの」ということが
できる。

　SSN の具体的な内容には、年金や健康保険、失業保険等の社会保障制度、
障害者や母子家庭、高齢者、児童等の社会的弱者に対する福祉・社会サー
ビス、失業者対策として雇用創出をはかる公共事業や職業紹介・職業訓練、
貧困層への食料補助、教育補助、住宅整備など幅広い支援が含まれる。こ
れらの制度やプログラムは病気や失業、貧困などのリスクにみまわれたと
きにその負担を軽減し、保障を提供するものである。また、SSN の提供
のしかたには、公的な制度や政府のプログラムによるものと、親族や地域
社会（コミュニティ）による相互扶助や非政府組織（NGO）・宗教団体によ
る支援を含む非公式なものがある。表 1 は SSN の主要な分野を示したも
のである。

　一般に社会保障は、経済発展ないし経済システムの進化にともなって、
産業構造や就業構造、都市化の進展や家族形態、あるいは疾病構造や人口
構造などが変容していくことに呼応する形で、個人や家族の生活保障や一
定の所得再分配を行う制度として整備されていくものである。より実質的
には、経済発展にともなって、もともと家族や（農村）共同体の中で非公
式な形で行われていた「相互扶助」の機能が弱体化していくことに対応し
て、それを補完する、あるいはそれを公式な仕組みとして「制度化」する、
公的なシステムとしての社会保障制度を展開していく[4]。実際、ベトナムに

表1　SSN の主要な分野

| 保障の分野 | 公的な制度・政府のプログラムによる SSN | | インフォーマルな SSN |
|---|---|---|---|
| | 社会保障制度（保険） | その他の各種公的施策 | |
| 保健医療 | 健康保険 | 貧困者への医療サービスの保障 | 親族・地域社会による相互扶助<br>NGO・宗教団体など民間団体による援助 |
| 雇用・労働 | 失業保険、労災保険 | 職業紹介、職業訓練<br>公共事業による雇用創出<br>地域における雇用創出プログラム | 農業部門による雇用吸収 |
| 所得保障 | 老齢年金、養老保険 | 生活保護（公的扶助）<br>児童手当などの社会手当<br>食料補助、燃料補助 | 親族・地域社会による相互扶助 |
| 社会福祉 | | 障害者、高齢者、児童などに対する社会サービス | 親族・地域社会による相互扶助<br>NGO・宗教団体など民間団体による援助 |

(注)　JICA 研究所『ソーシャル・セーフティ・ネットに関する基礎調査——途上国のソーシャル・セーフティ・ネットの確立に向けて』2003 年、第 2 章、5 頁より。

おいては、社会主義的な国家建設の過程の中で、農村共同体の中にあった相互扶助の機能を社会主義的な組合の制度の中にとりこんで整備されていった経緯がある。

　このような政府が主導する社会保障制度は、貧困・飢饉・経済不況といった伝統的なリスクや雇用不安・経済格差の拡大などの新しいリスクにどこまで対応できているのか。国家とは別に、企業・コミュニティ（地域住民社会）・非営利団体・家族は、どのような役割を果たすことが期待されているのか。こうした点について、ベトナムを具体例として検討することが、本章の基本的な問題関心である。

## （2）ベトナムにおける社会的安全網

　近年、1990 年代から社会学やアジアの地域研究において「アジア福祉国家」の分類とその実態の検証が進められている。たとえば、末廣昭は、「フォーマル」な制度にもとづく社会保障制度の発達状況と経緯を明らかにしたうえで、アジア諸国の制度を、経済成長段階、人口の傾向、社会保障制度等の状況の違いに応じて三つに分類している[5]。また、アジアの社会保障制度を考えるうえでは、「共助」に目を向ける必要性についても提起

表2　ベトナムにおける SSN の概要

| 保障の分野 | 公的な制度・政府のプログラムによる SSN | | インフォーマルな SSN |
|---|---|---|---|
| | 社会保障制度（保険） | その他の各種公的施策 | |
| 保健医療 | 健康保険制度なし 近年、民間の健康保険商品あり（第一生命も進出） | 政府（国家）による国民への医療サービス提供 | 親族・地域社会による相互扶助。NGO・宗教団体など民間団体による援助活動は限定的（政府認可の下）。 |
| 雇用・労働 | 失業保険、労災保険なし（失業手当はあり） | かつてはすべての国民が公務員、農民は農民組織に加入、現在は民間セクターが主（雇用は自助努力） | 農業・民間部門による雇用吸収（地縁・血縁にもとづく協力あり）。 |
| 所得保障 | 老齢年金（公務員・軍人のみ）、養老保険はいまだなし | 貧困層への貧困手当てあり（一種の生活保護）就学手当て・大学奨学金制度はあり | 親族（血縁）による相互扶助。地域社会による扶助は公的制度に取り込まれている（貧困層の認定、等）。 |
| 社会福祉 | | 障害者、高齢者、児童などに対する公的な社会サービス提供 | 親族・地域社会による相互扶助。NGO・宗教団体など民間団体による援助は限定的（政府認可の下）。 |

（注）表1を基に、筆者作成。

している。

　また、JICA 研究所のレポート『ソーシャル・セーフティ・ネットに関する基礎調査』では、アジアの SSN 整備の状況について、特に経済発展段階と社会・文化的多様性という座標軸から、いくつかに類型化している。[6]

　そこでは、ベトナムは「産業化の初期段階にあり、社会保障制度は主として一部の公務員・軍人などを対象とするものに限られ、医療保障の面では公衆衛生施策がなお中心を占めるような国家群」に分類され、ベトナム、ラオス、カンボジア、ミャンマーなどがこれに含まれるとされている。また、社会保障制度と国の社会経済システムとの関連からみれば、「社会主義ないし共産主義か、それに準ずるシステムを採用する国家群（及びそこから市場経済への移行を図りつつある国家群）」という類型を立てることも考えられるとしており、この類型に入る国として、中国、ベトナム、ラオスなどがあげられている。

　上記の報告書では、より詳細な事例研究として、タイ、フィリピン、インドネシアがあげられているが、ベトナムについての詳細な調査・分析は

ない。その意味で、ベトナムの南北両地域での実態調査を行った本研究の意義は少なくないと考えられる。

表2は、暫定的な整理であるが、上記のSSNに関わる分野が、ベトナムにおいてどのような状況にあるかを整理した一覧表である。

インフォーマルなSSNは、ベトナムの場合、NGO・宗教団体などの民間団体の活動は制限されているため、親族・地域社会による相互扶助が中心となる。こうした親族・地域社会による相互扶助のシステムは、専修大学の先のプロジェクトであった「社会関係資本」研究でとりあげ、ベトナムについては、北部のザオタン・コミューンを調査対象として、詳細なアンケート調査を実施した。その調査の結論として、次のようなことが指摘されている。

「農業コミュニティの社会関係資本はある広がりで実在している。ただし、コミュニティ内部の信頼性と相互愛着は、内部的な結束のネットワークを生み出しているが、社会関係資本は実際のところ弱く壊れやすい。相互支援の諸形態は確かに存在しているが、それらはまだ家族や最も親しい者の内部での人たちの支援にとどまっている」[7]。

## （3）ベトナムの南北社会の共通性と相違の歴史的背景

経済学のアプローチで制度形成の社会文化的要因を分析するうえで特に参考となる議論は、1970年代以降に興隆した、今日の代表的な制度の経済アプローチの一つである新制度学派のダグラス・ノース（North, 1990： 2005）による制度の二分類とその説明ロジックである。

彼はまず、法律や公的な政策を「フォーマル」な制度とし、文化や社会慣習、あるいは思想等の行動の基礎となる諸要因を「インフォーマル」な制度と分類した。そのうえで、インフォーマルな制度に基礎づけられたフォーマルな制度が社会経済システム全体の資源配分状況に影響をもたらす、というロジックで二種類の制度の役割を説明している。こうした発想・アイデアは、「比較制度分析」[8]や「歴史制度分析」[9]でも引き継がれている。

また、歴史的制度論の議論で広く知られている有名な概念として「経路依存性（path dependence）」がある。経路依存性とは、制度や仕組みが過

去の経緯や歴史的な偶然などによって拘束されることを意味し、経済・社会の仕組みを、その歴史的な政治・社会・経済の制度や経験の違いによって説明しようとするもので、この議論は、ベトナム南北の共通性と相違を、南北の社会主義化の歴史と市場経済の経験の違いにもとづいて説明するうえで、きわめて有効な理論である。

　ベトナムでは1986年にドイモイ（刷新）政策が開始され、旧来の社会主義体制から農業生産・販売の部分的自由化、国営企業の改革と民間の企業・商業活動の自由化、外国との貿易・投資の自由化等、徐々に自由化が進められた。しかし1970年代および80年代前半までは、北部ベトナムでは国家主導・国営企業主導の経済制度の導入が試みられ、地方でも農業共同組合（合作社）が中核となる農業が行われていた。その後の改革も試行錯誤のもとで徐々に自由な活動が認められていく状態であった。

　他方、南部では、1970年代半ばまでは資本主義経済が存在し、その後80年代半ばまで、社会主義的な制度への取り込みと自由な活動に対する締めつけが行われたが、1986年以降のドイモイ政策への転換にともなって、急速に資本主義的な経済活動が復活していった。1986年のドイモイ政策の採用を改革の第一期とするならば、改革の第二期は、「法治国家」や「市民社会」への言及がなされた2001年の第9回ベトナム共産党大会以降のさらなる改革の着手の時期と考えられる。

　いずれにせよ、社会主義制度の定着化の試みが長く続き、政府の主導のもとで作られた組織や制度の役割が大きいベトナム北部と、長年の資本主義制度の経験を有し政治的な自由を享受した経験をもつベトナム南部とでは、歴史的経路が異なる。また、ベトナムは南北に長い国土をもち、温帯に属し四季の変化も少なくない北部と、亜熱帯に属し一年中暖かく米の三期作さえ可能な南部では、自然状況も異なり、それは農業形態にも影響を与えていると考えられる。ただし、ベトナムの社会主義的な制度のもとでの共通性は強く、また北部の紅河デルタと南部のメコン・デルタはいずれも米の主要な産地であり、その意味での共通性は大きい。また、北部のベトナム人と南部のベトナム人は、民族的にも異なるとの議論もあるが、独特の生活文化を現在でも保持する少数民族は別として、今日のベトナムで

エスニックな相違は、経済社会生活に大きな影響を与える要素とは考えにくい。

## 第2節　ベトナム南北二つのコミューンの概要

### （1）南北二つのコミューンの位置

　前節で述べたように、今回の調査を通じて浮き彫りにしたい主要な点は、社会主義制度の中で生活してきた北部の農村コミュニティと、資本主義の時代も経験し開放的な社会の歴史をもつ南部の農村コミュニティを対比することであった。その両者の違いを浮かび上がらせるためには、両者の特徴を代表するような2カ所の母集団を選ぶ必要がある。

　母集団として抽出したのは、ベトナム北部の首都ハノイから車で2-3時間の距離にある、典型的な北部の農村であるナンディン（Nang Dinh）省ハイヴァン（Hai Van、以下HV）コミューンと、ベトナム南部の最大都市であるホーチミン市から車で2時間程度のところにある、典型的な南部の農村であるティエンジャン（Tien Giang）省タンチュウナャ（Thân Cửu Nghĩa、以下TCN）コミューンの2カ所である。この二つのコミューンの場所を地図上で示したのが、図1である。

　この二つのコミューンを比較することは、北部に典型的な社会主義的な制度の影響を強く受けた地域の伝統的（社会主義的）社会関係資本と、南部のより市場経済化が進んだ地域の近代的（市場経済的）社会関係資本を比較することになりうる、というのが当初の仮説であった。しかし、実際にこれら二つの地域のコミューンの人民委員会・組合・住民等へのヒアリングを実施してみると、後述するように、ベトナム国家の社会主義的な制度は南北二つのコミューンでも大枠として共通していることが理解できた。

　それでも、北部の社会主義的な制度の中に長く置かれた地域の農村に対し、南部はある時期には資本主義化され、1975年の南北統一後の社会主義化を経ても、その後のドイモイ（刷新）政策の中で市場経済の先進地域として急成長しており、その違いは、ヒアリング調査を通じて、ある程度は抽出可能と考えられた。すなわち、伝統的な基礎社会に覆いかぶさった

図1　調査対象の二つのコミューンの位置

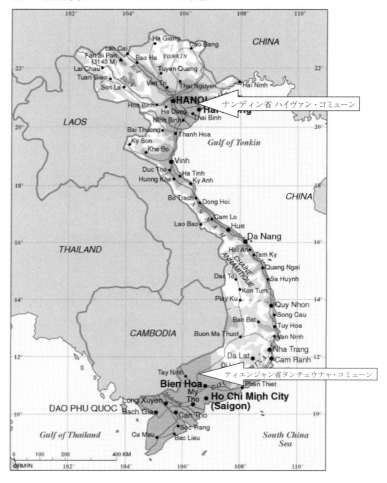

社会主義制度のもとでの国家による上からの近代化と、ここ20年で起こっ
たグローバルな市場経済の波、つまり外からの近代化の波のインパクトに
ついて、両コミューンを比較することによって明確化し、ベトナムの社会
関係資本の共通性と多様な変化を説明できるのではないかと考えた。

（2）南北二つのコミューンの農業の特徴
　ベトナム北部ナンディン省ハイヴァン（HV）コミューンは、9,807人

（2,789 世帯）のコミュニティであり、他方、ティエンジャン省タンチュウナャ（TCN）コミューンは、21,035 人（5,149世帯）と、人口としてはより大きなコミュニティである。

　HV コミューンの産業人口比率をみると、農林水産業29.5%、工業・建設業53%、流通・サービス17.5%であるのに対し、TCN コミューンの産業別人口は、農林水産59.7%、工業・建設12.2%、流通・サービス業28.1%である。北部のHV コミューンで工業・建設業の人口比率が高いのは、この地域は伝統的に木材加工産業がさかんな地域であることによる。

　TCN コミューンでは農林水産業の人口比率が高く農業がさかんな地域であるが、その農業形態は北部とは異なっている。北部は米主体の農業地域である。野菜も栽培されているが、それらは地元の市場でそれぞれの農家が栽培した野菜を持ち寄って取引されている。北部のHV コミューンの農業が米の生産が主であるのに対し、南部のTCN コミュ

HV コミューンの田

HV コミューンの市場

TCN コミューンの野菜畑

TCN コミューンの養殖場

ーンの農業は野菜栽培が中心であり、ホーチミン市などの巨大な消費市場に販売する、ベトナムの中ではきわめて市場経済化された地域であるという違いがある。TCN コミューンはベトナム南部の最大都市であるホーチミン市から車で2時間程度のところにあるため、さまざまな農産物・農産加工品の市場があり、野菜以外にも、ココナッツなどの果樹栽培、魚の養殖などもさかんである。

### （3）二つの調査対象村の生活状況関連データの比較

　これら南北二つのコミューンに関しては、今回のフィールド調査を企画したベトナム社会科学院社会学研究所が、それぞれのコミューンについて基本的な社会経済データの収集を行っており、そうしたデータに関しては共有させてもらった。

　次頁の表3は、二つの調査対象コミューンの状況に関連する基礎データを比較した一覧表である。

　これらのデータから、二つのコミューンの生活状況を対比してみよう[10]。

　所得水準自体の統計は入手できなかった。しかし、「豊か、平均以上、平均、貧困」の四階層に分けた生活水準分類が政府によって作成されており、HV コミューンでは、順に 30.0%、35.0%、29.9%、5.2%、（全 2,789 世帯のうち貧困世帯数は 145 世帯、そのうち貧困手当受給世帯数は 145 世帯）である。他方、TCN コミューンの四階層別の比率は、順に 12.1%、40.0%、43.3%、5.5%、（全 5,149 世帯のうち貧困世帯数は 285 世帯、そのうち4世帯が貧困手当受給世帯）である（2013 年時点、表3参照）。

　富裕層比率は HV コミューンの方が大きいが、この数値からは所得水準自体はわからず、実態としては、TCN コミューンの富裕世帯は所得と生活レベルがかなり高い印象を受けた。それは、電化率、TV 所有比率、出産前検診受診率が南部の TCN コミューンの方が高いことからも伺われ、特にパソコン所有世帯比率（インターネットアクセス世帯比率）は TCN コミューンが圧倒的に高く、情報へのアクセスに関して、TCN コミューンの方がはるかに近代化されていることが示されている。

　他方、二つのいずれのコミューンでも貧困とされる世帯を訪問したが、

表3　二つのコミュニティの生活状況比較データ（2013年6月末時点）

| | コミューン：Hai Van 地区：Hai Hau, 省：Nam Dinh（北部） | コミューン：Thân Cuu Nghĩa 地区：Châu Thành, 省：Tien Giang（南部） |
|---|---|---|
| 総人口（世帯数） 成人人口（15歳未満人口） | 9,807人（2,789世帯） 6,987（2,820） | 21,035人（5,149世帯） 16,228（4,807） |
| 産業人口比率（農林水産、工業・建設、流通・サービス） | 29.5%, 53%, 17.5% | 59.7%, 12.2%, 28.1% |
| 生活水準分類［豊か、平均以上、平均、貧困］の各比率（貧困世帯数－内、貧困手当受給世帯数） | 30.0%, 35.0%, 29.9%, 5.2% （145世帯－内145世帯） | 12.1%, 40.0%, 43.3%, 5.5% （285世帯－内4世帯） |
| 電化率 | 95.2% | 100% |
| TV所有世帯比率 | 76.2% | 98.7% |
| 携帯電話所有人口比率 | 43.4% | 42.7% |
| パソコン所有世帯比率（インターネットアクセス世帯比率） | 4.4%（3.8%） | 50.0%（40.0%） |
| 生徒数（幼稚園、小学校、中学校） | 625, 778, 630 | 385, 1274, 626 |
| 教師数（幼稚園、小学校、中学校） | 24, 30, 32 | 13, 73, 40 |
| 出産前検診受診率 | 73% | 100% |
| 栄養不足児童比率（5歳以下） | 14.1% | 12.6% |
| 年金受給者数（公的年金、軍人年金、失業手当、死亡手当、地方公務員年金、老人手当、学生支援手当、戦争家族手当、傷病兵手当、ダイオキシン手当） | 合計494（それぞれ37, 12, 10, 17, 19, 212, 117, 17, 36, 17） | 合計236（それぞれ96, 5, 1, 6, 3, 8, 0, 74, 48, 3） |
| 党委員会メンバー数（党幹部数） | 215（17） | 192（15） |

（注）ベトナム社会科学院社会学研究所提供の統計資料をもとに、筆者作成。

　HVコミューンの貧困層（寡婦世帯）の方がTCNコミューン（夫が障害者であり失業中で妻がパート従事の世帯）よりも生活状況が良いようにみえた。それは、北部のHVコミューンの方が、国家による貧困世帯への手当がより手厚いことと関連していると考えられる。HVコミューンのさまざまな手当は、コミューンの総世帯数が少ないにもかかわらず、軍人年金、失業手当、死亡手当、地方公務員年金、老人手当、学生支援手当、ダイオキシン手当のいずれでもHVコミューンの方が広くカバーされており、特に貧困世帯数145世帯のうち貧困手当受給世帯数が145世帯と、すべての世帯が貧困手当を受給している。

　それに対し、南部のTCNコミューンでは、貧困世帯数285世帯のうち4世帯のみしか貧困手当を受給していない。他方、TCNコミューンで

は、戦争家族手当、傷病兵手当の受給世帯数が多く、この地域がベトナム戦争時には南ベトナム解放戦線の支配地域であったことを推測させる。なお、党委員会メンバー数（党幹部数）は HV コミューンの方が TCN コミューンよりもやや多く、人口が半分であることを考慮すると、北部の HV コミューンは、共産党とより緊密であることが伺われる。

　筆者をはじめ、ベトナム社会科学院社会学研究所の調査チームが 2014 年 10 月末より 11 月初旬にかけて、アンケート調査対象の南北の二つのコミューンを訪問し、パイロット的なヒアリング調査を実施した。

　以下では、その際の現地でのヒアリング調査にもとづいて、南北二つのコミューンの「共同体の相互扶助」と「市場化の波」の実態を、具体的に整理しておくことにしたい（なお、以下で最新ないし現時点でのデータ・状況とされているのは、2014 年 10 月末から 11 月初旬のヒアリング実施時点でのデータ・状況である）。

## 第 3 節　北部（ハイヴァン・コミューン）における社会的安全網

### （1）HV コミューンの経済社会状況

　HV コミューンの人民委員会によれば、この 5 年間で一人あたり所得（平均年収）は 2008 年の 2,000 万ドンから 2013 年には 2,900 万ドンに拡大した（1 万ドンは日本円で約 54 円、2014 年時点）。この上昇の要因は、都市での建設ブームにともなう建設労働の収入増加、家具・木材加工産業の成長、等である。家具は国内市場向けであり、輸出向けではない。家具産業の発展の背景には、交通インフラの向上（国道 21 号線の整備等）がある。

　家具産業の担い手の多くは、従業員 30 人以下の小企業である。起業に際しては、ベトナム社会政策銀行（Social Policy Bank）

木材加工業

と農業銀行（Agro Bank）が主
要な貸し手としての役割を果
たしてきた（いずれも国営銀行
であり、そのほかに、人民信用
銀行等がある）。

新築された病院

　1986 年のドイモイ以降、農
業生産は拡大し、「文化的コ
ミューン」のモデル地区となっ
た。そのため政府リーダーも
たびたび視察にきている。なお、HV コミューンの 80％はカトリック教徒
であり、教会がいくつも存在する。

　病院の施設そのものは、コミューンの予算で建設された（比較的新しい
しっかりした施設）。運営費は保健省から支給されている。

　1993 年に小学校と中学校が分離され、2005 年に新しい小学校が建てら
れた。毎年約 20 人の生徒増が確認される。授業料は無料だが、制服と教
科書は自己負担である。2009 年には、IT 教室が作られた。幼稚園は、す
べて公立で私立はない。園児数は 2008 年の 493 人から 2014 年には 621 人
に増えた。昼食代は 1 回あたり、2 歳児未満は 8 千ドン、3-5 歳児は 1 万
ドンを徴収している。政府の予算は年間 1 億 2 千万ドンで、施設維持費や
図書費に使用されている。


### （2）扶助制度（国による扶助および相互扶助）

　コミューンの人民委員会の傘下にある代表的な公的な組合として、女性
組合、農民組合などがあり、また、コミューンによる貧困世帯支援制度
がある。貧困世帯支援金は月 18 万ドンで、生活補助金 3 万ドンを加えて、
月 21 万ドン。HV コミューンの 2.9％が貧困層とされる（2014 年時点）。

　農民組合にはすべての農家が加入している。HV コミューンでは、1956
年に設立された。1997 年に、党に属する組織から、加入者へのサービス
を主目的にする組織に改変された。ただし、農民組合は今でも省レベルの
農業省の監督の下にある。

HV コミューンの貧困層家庭

HV コミューンの人民委員会幹部の家・店

農民組合には、調査時点（2014年）で1,800世帯が加入し、その40％が女性である。農民組合の役割は、農産物生産の支援（肥料の購入、技術指導・研修、等）、水利費の徴収（1シーズン［半年］–1平方メートルあたり2万4千ドン）、農業機械の提供（市場価格より30％安い）、等。2012年に新しい法律ができ、マイクロ・クレジットの提供も可能である。農民組合代表は公務員ではなく農民の代表という位置づけであり、組合は非営利団体であり、現在は民間企業に近い存在になってきている。たとえば、野菜の企業への販売、集荷・販売用の車両の購入、等の活動を行っている。社会政策銀行から低利融資を受けることもできる。

　女性組合は、女性の貧困削減にも取り組んでいる。貧困世帯として推薦されれば、月最大100万ドンの貧困世帯支援金を受けられる。加入者（女性会員）は2,108人で、96.9％は農業に従事している（2014年調査時点）。他方で農業労働者の大半も女性である。女性組合は、組合員を対象に、2008年からベルギー（ラルー大学）の支援を受け、1億ドンの原資でマイクロ・ファイナンス事業を開始している。原資は、現在は1.1億ドンに拡大した。これは、貧しい女性に年200万ドン（半年の金利0.5％）を融資するというもので、これまで49人が支援対象である。これらの資金は、鳥・豚などの家畜の購入、小規模ビジネス等に使われている。最初の2年間、3-4人の専門家が訓練・成果確認をし、今は年一回レポートを提出す

る形で女性組合によって運営されている。運営委員会が設置され、コミューン長が監督者である。

## （3）（国営）銀行による融資・支援

　ベトナム社会政策銀行（Social Policy Bank）は、もともとはベトナム貧民銀行に属していたが、貧困削減事業を国際レベルに引き上げるためとして、2002年に改組され2003年から業務を開始した。市場経済への移行を進めているベトナムでは、雇用創出による貧困の軽減という観点から、小企業の育成を重要な政策の一つとして位置づけており、社会政策銀行は、雇用を創出する小企業に対しての融資を推進している。コミューンの住民にとって重要な具体的な融資としては、①低利融資を通して貧困層の生活を引き上げ（3年間で300万-5,000万ドン、0.6％金利）、②子供のいる家庭、大学生のいる世帯の教育費支援（年間1,100万ドン）、③トイレ等衛生状況の改善のための融資、などがある。

　社会政策銀行の低利融資のこれまでの利用者は303世帯である（67世帯が「貧困」、15世帯が「準貧困」、102世帯が大学生を抱える世帯、104世帯が衛生状況改善）。2003年から貧困層向け融資を開始し、2006年から大学生のいる世帯向け支援を開始し、近年は衛生状況改善のための融資が拡大している。貧困層世帯の比率は、2014年には2.9％へと減少した。2003年時点では6.9％であり、約4％の低下である（5％の低下との指摘もあり、調査時期の設定による差と推測される）。

　社会政策銀行は地区（district）が管理し、融資にあたっては、農民組合が家・土地の所有状況などについて情報収集し、地区に送付する。土地証明は必要だが、担保は取らない。なお、グループ融資（一人あたり100万ドン、金利1％）もあり、北部では普及している。グループによって金額は大きく違う。

　一方、小規模ビジネスのための融資は農業銀行（Agro Bank）が提供している。農業銀行はドイモイ政策のもとで1988年に中央銀行であるベトナム国家銀行から独立し、正式名称はベトナム農業農村開発銀行である。住民が農業銀行から融資を受ける場合の金融条件は、年0.95％金利、衛生

状況改善・家の新築は 0.8％金利である。HV コミューンでは 293 世帯が活用し、その大半は手工芸ビジネスに活用されている。融資金額は最大 50 億ドンまでであり、融資を受けるにはビジネスを実現する能力の証明が必要である。家具工場がその典型的な例である。

## 第 4 節　南部（タンチュウニャ・コミューン）における社会的安全網

### （1）TCN コミューンの経済社会状況

　TCN コミューンは約 5,000 世帯、約 2 万人で、中規模の農地をもつ農民が多い。フランス植民地時代には三つの村（humlet）からなっていたが、今日では人口が増え七つの村がある。

舗装された村落間の道路

TCN コミューン人民委員会

　TCN コミューンの人民委員会代表は過去 10 年間に、以下のような大きな変化があったと述べている。①経済の改善と所得の向上、②インフラの改善（道路、家、水路システム）、③文化面での向上（TV・携帯電話の普及、旅行や祭り・スポーツ・ショーへの参加など）。他方で、若者のけんかが増えたりしているとのことである。

　TCN コミューンの予算収入は、毎年拡大しており、2010 年には 17 億ドン、2014 年には 30 億ドンに増大した。この予算収入は政府（省）に渡され、計画に従って当コミューンに予算配分される。省の予算で、

小学校や幼稚園の建設（200億ドン）、10箇所の道路の改善（90億ドン）がなされた。道路については、コミューンが15％を支出し、村落間の道路の改善に使われた。水路については、特に2000年以降に大きく改善した。

　一人当たり所得（平均年収）は、2010年に1,545万ドンであったのが、2014年には2,545万ドンに拡大している。4.5％が貧困層で、これは月40万ドン（約2,160円）以下の所得層である。

　この地域は農産物生産が主産業で、農業は、野菜・果物栽培が多く、米やココナッツもある。それ以外は、商店や麦わら帽子製造などのスモール・ビジネスがある。米は約3カ月、野菜は約1カ月で収穫できる。したがって、野菜の方が収入は良い。生産・収穫した米・野菜・ココナッツは、買いつけ業者（私企業）が買いつけにやってきて、すぐに売る（ホーチミン市が主たる市場）。価格は交渉に左右され、月によっても変動する。ベトナム南部のこの地域の新品種のココナッツは高く売れ、タイ産が1個6-7千ドンであるのに対し、ベトナムのこの品種は1個1万5千ドンの値がつく。

　2009年にできた新工業団地が、ここ（TCNコミューン人民委員会）から約4キロの距離のところにあり、雇用拡大には多少貢献している（ホーチミン市からの出稼ぎが多い）。この工場の賃金は、月およそ450万ドンである。


## （2）扶助制度（国による扶助および相互扶助）

　公的な組合としては、女性組合、農民組合、青年組合、等がある。

　女性組合の活動の中に、マイクロ・クレジットもある。ノルウェーの団体の協力で、2009年より12億ドンの資金でマイクロ・クレジットを行っている。このノルウェーの資金はティエンジャン省の基金（Fund for Women）となり、各地に配分されている。22のコミューンから選択された12のコミューンがこの基金を使って活動している。省によって運営され、各コミューンのメンバーが一人ずつ運営に加わっている。

　貧困層は年500万ドンまで借りることができる。500万ドンを返済できれば、その次は600-700万ドンまで借りることができる仕組みである。調査時点で、378世帯が借りており、家畜の購入、魚の養殖場づくり、等に使われている。2-3カ月に1回、組合のスタッフが資金の活用状況をチェッ

TCN コミューンの貧困層の住居

TCN コミューンの富裕農民の住居

クに行き、他方で、組合は年に 3-4 回の研修の機会も提供している。

なお、「貧困層」の認定については、政府（労働・地方問題省）が基準をつくり、各コミューンの住民レベルで認定をしており、毎年確認する。村長が貧困層の対象者リストを作り、村落会合で住民が投票して、貧困世帯のリストを正式に作成し、コミューンの当局（人民委員会）が確認して正式決定となる。

また、貧困世帯には、社会政策銀行の融資・支援のほか、電気代支援、コミューンからの貧困層支援金、障害者支援金などもある。老人組合のメンバーには、病気の際の食料代支援（1 日 1 千ドン）、葬式の際の支援もある（近隣の人は生活に困った際には助けてくれるとのこと）。

農民組合の役割は、「新地方計画」の広報、共同活動（水利のための土地提供等）への理解促進、農業生産の支援（米生産からより広い市場をめざした野菜栽培、有機栽培等）、研修コースの提供（年 2-3 回）等である。

農民組合には、2,811 の世帯が加入し、そのうち 816 人が女性である（2014年ヒアリング時点）。貧困層・準貧困層は 300 万 -500 万ドンを借りることができ、約 50 世帯が活用している。3 年間借りて金利は 0.65% である。

また、農民組合には、寄付により貧困農民を対象とした基金が設立されている。寄付は富裕農民によるもので、100 万 -150 万ドンを寄付して「優良農民」の証書をもらうことができる。富裕農民は、野菜栽培、藁を使っ

た帽子づくり、魚の養殖、養鶏などにより収入をあげている例が多い。交通インフラの改善、クレジットへのアクセスの向上により、全体として農業収入は拡大傾向にある。

### （3）（国営）銀行による融資・支援

社会政策銀行の役割は、貧困世帯の家計の向上支援、政府が打ち出している「幸せ家族」（安定した経済、男女平等、女性組合への参加、子供のより良い教育）構想の実現、教育の向上、などである。

社会政策銀行は、貧困層（金利0.45％）および準貧困層（金利0.95％）向けに融資をしており、TCNコミューンでは313世帯が借りている。農業への投資、家畜の購入、スモール・ビジネス、また大学生をもつ世帯への支援金、等に使われている。

貧困世帯のほか、女性組合の488世帯に融資・支援をしており、家畜の購入、生計向上支援、家の建設、仕事探し（以上の場合、融資額は1000万-2000万ドン、20世帯が活用）、大学生をもつ世帯への支援（1000万-1100万ドン）、準貧困層への家計支援（500万-2000万ドン）、衛生状況改善（トイレ、水供給等）、等に使われている。

農村で融資活動をしている銀行として、社会政策銀行と農業銀行以外に人民信用銀行（People Credit Bank）がある。人民信用銀行は1993年にカナダの信用組合をモデルにして設立された地域ごとの独立採算の信用銀行であり、この3銀行が大手である。人民信用銀行の融資は審査なしで11％の金利、それに対し、農業銀行の融資の場合、審査はあるが年10％金利である。農業銀行は、土地の状況を確認したのち700万-800万ドンを融資しており、約400世帯が借りている。

一方、上記の三つの金融機関は、農業生産への投資や農村住民の生活支援のための融資は行っているが、災害・不作時などに備えた保険業務は行っていない。もし、災害が発生した場合は、災害発生地域と認定された地域の農家世帯は政府から直接的な援助を受け、銀行からの借入に関しても債務繰り延べまたは帳消しの処置が行われるとのことである。

なお、国際機関であるADB（アジア開発銀行）が2013年より有機農業

の技術支援を行っている（カウンターパートは農業省、地方開発省）。総支援額は 500 億ドンで、チャットラン（Châu Thành）地区にはそのうち 130 億ドン、二つのコミューンの活動にあてられ、TCN コミューンはその一つである。また、二つの農業加工センターがパイロット事業として建設されつつある。これにより、これにより将来の収入向上と安全で環境にやさしい食料供給につながることが期待されている。

## 第 5 節　まとめと結論

　以上、ベトナム南北の二つのコミューンでのヒアリングをもとに、ベトナムにおける SSN の現状と、南北の状況の違いについて検証してきた。以上を整理すると、以下のようないくつかのことがみえてくる。

### （1）農村での相互扶助制度の浸透
　筆者が調査対象とした二つの南北のコミューンのうち、北部のナンディン省 HV コミューンの近隣の村であるバックコック・コミューンについては、岡江による農村金融の詳細な事例研究がある。その現地調査の結果、岡江は、「銀行貸付を仲介する農民会（農民組合）は予算・人員の面で不十分でその活動も活発とはいえず、（中略）にもかかわらず銀行貸付が債務不履行も出さず良好なパフォーマンスを示しているのは、実質的に集落が貸付仲介を行っているからである。（中略）調査村においては、村落共同体の助けを借りつつ近代的な金融制度が農村部に着実に波及している」と結論づけている（岡江、2003）。
　本章でとりあげた二つのコミューンでも、相互扶助制度はベトナム政府が組織する人民委員会を中核とし、村の組合をその末端組織として機能しているが、その基盤には伝統的な村落共同体の社会的ネットワークが存在する。本章で述べた現地調査からも、政府が管理運営する貧困世帯対策の制度が村単位に構築されており、伝統的な村落共同体の相互扶助制度と近代的な政府主導の社会保障制度は互いに補完しながら機能し浸透していることがわかる。また、今回の調査で、社会政策銀行や農業銀行などの農村

住民に対する融資制度が、農村世帯・村にも普及していることが示されているが、こうした事実は、岡江の結論とも整合するものであり、近代的な金融制度が近年さらに普及・拡大している様子が示されているといえるだろう。

## （2）南北のコミューンの違い

さて、本章で取り上げた南北のコミューンの比較から導き出される結論は何であろうか。

第1点は、南北の違いはあるものの、基本的な制度的枠組みは共通していることである。その特徴とは、きわめて社会主義的な政府（国家）主導の相互扶助システムがつくられていることである。女性組合、農民組合などの、コミューンの人民委員会の傘下にある組合は、そうしたシステムの中で大きな役割を果たしている。また、貧困層世帯に対する支援制度も、きわめて社会主義的な、コミューンをベースとする住民参加型の制度が作られており、こうした基本的枠組みは南北いずれのコミューンにも共通する。

第2点は、南北いずれのコミューンも、近年のベトナム全体の経済発展の波の中で、それぞれに発展を遂げていることである。北部の HV コミューンは、木材加工・家具産業を中心に、コミューンの予算収入も一人あたりの所得も着実に拡大している。また、南部の TCN コミューンも、ホーチミン市という巨大な市場を背景に、野菜や果樹生産などで、コミューンの予算収入も一人あたり所得水準も着実に向上し、中にはかなりの富裕農民も登場するようになっている。そうした経済発展を支えている要因として、交通インフラや水利インフラなどのインフラの改善が背景にあることも共通している。

第3点は、南北のコミューンの大きな違いの一つとして、南部でより強い市場経済化の影響がみられることである。南部の米・野菜・ココナッツなどの農産物生産と販売のシステムは、きわめて資本主義的であり、農産物取引のバリュー・チェーンや価格決定メカニズム、さらには商品作物の生産物に関する農民の選好やインセンティブは、きわめて資本主義的な自由競争と需給にもとづく価格決定システムを土台としている。その背景要

因として、ホーチミン市の巨大な市場があることは事実であるが、それだけではなく、この地域ですでに以前から資本主義的な経済取引の制度と経験があったことが、こうした市場経済を促進する上で大きな要因となっていると考えられる。

第4点は、上記のような、南北いずれでも生じている着実な経済発展・人々の所得の向上、および特に南部における市場経済の進展という経済面での大きな進展にもかかわらず、SSN の制度そのものは、きわめて社会主義的な制度が依然として保持されていることである。それは、貧困層や社会的弱者に対する公的な扶助システムとしては、それなりに機能している面もあり、評価されるべき点でもある。他方、先進国やほかの新興国でみられるような、民間による SSN を補完するシステムや保険制度の提供は、いまだ存在しないに等しい。また、NGO や外国団体による直接的な援助活動は、依然として強く規制されている。

## （3）今後の課題

以上の調査は、2014 年 10-11 月の時点で、ベトナム社会科学院の協力を得て実現したベトナム農村でのヒアリング調査のみにもとづくものであり、ベトナムの社会的安全網や社会保障の制度がどのようなものであり、これまでの改革過程でどのような変化をとげ現在にいたっているかについて、体系的に調査研究をしたものではない。その意味で、本章で言及した情報は一回限りの調査報告にすぎず、学問的かつ体系的な調査研究としてはいまだ不十分である。今後、関連文献の収集を含めて研究を進める必要があろう。

その一方、政策的な調査としてもいくつかの検討課題がある。たとえば、今後、ベトナムがさらに発展する中で、従来の政府（国家）による扶助システムだけで十分に機能することができるのかどうか、今後の動向を追う必要があろう。経済発展にともなってそれなりの生活水準を達成できたものの、既存の政府の年金システムや社会保障制度の恩恵を受けられない民間セクターの富裕層ないし新中間層は、新しい制度・枠組みを求めている 。

可能ならば、日本などの先進国や他の新興国・途上国の事例と比較しながら、ベトナムに適した将来の SSN の制度構築に関して、日越相互に、あるいは多国間で、知見やアイデアを交換するような機会をもつことも有益であると思われる。

## ◆コラム◆ 25年を経たハノイ市内の変化

　筆者は 1988 年に㈶日本国際問題研究所の東南アジア地域担当の研究員として、はじめてベトナムを訪れた。当時のベトナムは、米国をはじめ西側諸国から経済封鎖にあい国際的に孤立していた。1986 年からようやくドイモイ（改革）に着手したものの、経済的にも停滞し、人々の生活はどん底であった。社会科学院の研究員でさえ、ボールペンや紙などの基礎的な文具も不足するありさまであった。1991 年のカンボジアのパリ和平協定後、ベトナムの後ろ楯になっていたソ連が崩壊する状況の中で、ベトナム軍をカンボジアから撤退させ、1992 年に日本の援助が再開され、それ以来、急速に経済発展を遂げてきた。

　写真は、いずれもベトナム社会科学院での会議に行く途中に筆者が撮影したハノイ市内（社会科学院の近辺）の様子である。1988 年には自転車が主たる移動手段であり、朝夕の通勤時には音もなく大量の自転車が移動していた。2013 年には自転車はオートバイに代わり、日本やドイツの高級車が通りを走り、大変な喧騒である。政治体制はそれ

1988 年 3 月

2013 年 9 月

ほど変わってはいないが、経済生活は大きく変わった。


注
1　本研究は、ベトナム社会科学院社会学研究所の研究プロジェクト「地方開発における市民的リンケージとその役割に関する調査（紅河デルタとメコン・デルタの比較)」の一環であり、日越往復旅費については、専修大学社会知性開発センター「ソーシャル・ウェルビーイング研究」の支援を受けた。
2　橘木俊詔（2000)『セーフティ・ネットの経済学』日本経済新聞社 p.1, pp.19-20.
3　同上、橘木（2000) p. 22.
4　JICA 研究所『ソーシャル・セーフティ・ネットに関する基礎調査──途上国のソーシャル・セーフティ・ネットの確立に向けて』2003 年、第 3 章、13 頁。
5　末廣昭編『東アジアの雇用・生活保障と新たな社会リスクへの対応』東京大学社会科学研究所、研究シリーズ No.56、2014 年。
6　前掲、JICA 研究所（2003)、第 3 章、p. 12。
7　ベトナム社会科学院社会学研究所「社会関係資本とベトナムにおける持続的発展──ザオタン・コミューンの事例」2011 年、（村上俊介訳、結論部分)。
8　たとえば、青木昌彦・奥野正寛『経済システムの比較制度分析』東京大学出版会、1996 年。
9　Grief, Avner, and Davis D. Laitin. (2004).
10　ただし、このデータがどの程度信頼できるものであるかは疑問の余地もあり、例えば、年金受給者数は、この表の数値と、後述するヒアリングにもとづく数値とではかなりの違いがある。数値に相違がある場合、ヒアリングで直接入手した数値がより現実に近いと考えられる。
11　たとえば、日本の第一生命が有料の健康保険商品を販売するようになっているという。

［参考文献］
Dang Thi Viet Phuong (2015), *The Collective Life: The Sociology of Voluntary Associations in North Vietnamese Rural Areas*, Vietnan National University Press (Hanoi).
Grief, Avner, and Davis D. Laitin (2004) "A Theory of Endogenous Institutional Change," *American Political Science Review*, Vol.98, No. 4.
D. C. North (1990), *Institutions, Institutional Changes and Economic Performance*, Cambridge University Press.
D.C. North (2005), *Understanding the Process of Economic Change*, Princeton University Press.
Institute of Sociology of Vietnam Academy of Social Sciences (2011), *Social Capital and Sustainable Development in Vietnam: The Case of Giao Tan Commune*, Hanoi.
Kleinen, John (1999), *Facing the Future, Reviving the Past: A Study of Social Change in a Northern Vietnamese Village*, Institute of Southeast Asian Studies.

岡江恭史「ベトナム農村金融における集落の役割」『農林水産政策研究』第 6 号、農林水産政策研究所、2004 年 3 月

橘木俊詔『セーフティ・ネットの経済学』日本経済新聞社、2000 年

国際協力機構研究所『ソーシャル・セーフティ・ネットに関する基礎調査——途上国の
　ソーシャル・セーフティ・ネットの確立に向けて』国際協力機構、2003 年

坂田正三『高度経済成長下のベトナム農業・農村の発展』ジェトロ・アジア経済研究所、
　2013 年

佐藤洋一郎『稲と米の民族誌——アジアの稲作景観を歩く』NHK 出版、2016 年

嶋根克己「ベトナムにおける社会関係資本——農村と都市の 2 事例の調査レポートから」
　『専修大学・社会関係資本研究論集』2013 年 3 月

白石昌也「ベトナムの社会主義体制」関根政美・山本信人編『海域アジア』（現代東ア
　ジアと日本 4 ）、慶應義塾大学出版会、2004 年

末廣昭編『東アジアの雇用・生活保障と新たな社会リスクへの対応』東京大学社会科学
　研究所、研究シリーズ No.56、2014 年

# 第4章
# 南ミンダナオの社会状況と
# 生計向上支援

## はじめに

　本章では、フィリピンのミンダナオ島の南東部で実施された、「南ミンダナオ沿岸地域環境保全事業（South Mindanao Integrated Coastal Zone Management Project: SMICZMP）」にともなって実施した、17の住民組織（People's Organization、以下POと略称）に対するアンケート・インタビュー調査をとりあげる。

　ミンダナオ島は、フィリピンの中で長らくイスラム教徒の武装勢力との紛争を抱えていた地域として有名であるが、ミンダナオ島といっても、地域によって紛争の状況と度合いは異なる。ミンダナオ島の北東部はキリスト教徒が多く居住し、フィリピン中央政府の直接的な統治が及んでいる地域であり、ミンダナオ北東部にあるカガヤン・デ・オロ（Cagayan de Oro）は、ミンダナオ島のバナナやパイナップル等の農産物の主要輸出港でもある。

　他方、ミンダナオ島の西部は、イスラム教徒が多く居住し、フィリピンの歴史の中で、イスラム教徒による独立運動が長く続いてきた地域である。1996年に、ようやくフィリピン中央政府とイスラム教徒の主要勢力であるモロ国民解放戦線（Moro National Liberation Front、以下MNLFと略称）との間で休戦協定が結ばれ、ムスリム・ミンダナオ自治地域（Autonomous Region of Muslim Mindanao、以下ARMMと略称）としてある程度の自治を認められる形で、この地域の開発が進められつつある。

　本事業が実施されたミンダナオ島の南東部は、もともとはイスラム教徒が多く居住していた地域であるが、今ではキリスト教徒が多数を占め、フィリピン中央政府の県の一つとして直接的な統治がなされており、ダバオ

（Davao）やジェネラル・サントス（General Santos）はこの地域の中心都市である。これらの都市には多くの人々が住み、比較的治安は保たれてきたが、特に南部の農村地域では、1970年代および1980年代には、新人民軍（New People's Army）と称する共産党系のイスラム武装勢力がフィリピン政府軍とたびたび武力衝突を繰り返していた。現在は、新人民軍は武力闘争をやめ、比較的治安は安定してきている。

　本章でとりあげる「南ミンダナオ沿岸地域環境保全事業」も、こうしたしだいに安定してきた政治状況の中で、1990年代後半にこの地域の開発を促進する事業の一つとしてフィリピン政府が取り組み、日本政府が支援した事業である。こうした地域で実施した少なくない数（17）のPOを対象に実施したアンケートおよびインタビュー調査は、これらの地域の農民・漁民の実際の生活状況を伺い知る上でも、きわめて興味深い事例と考えられる。

## 第1節　ミンダナオの社会状況と日本の支援

### （1）ミンダナオをめぐる政治情勢

　ミンダナオ島は、フィリピンの中でも紛争地域として知られている。まず、その紛争の歴史的経緯の要点をまとめておこう。

　ミンダナオ紛争の歴史は長く、イスラム教徒の抵抗は16世紀のスペインによる植民地時代から現代まで続いている。ミンダナオ島にはイスラム教徒が入植する前から居住しているさまざまな先住民のほか、ルソン島やフィリピンの他の地域から移住してきたキリスト教徒が多数住んでおり、これらの人々が混在して居住している。多くのキリスト教徒が南部に移住してきたことによって、ミンダナオ島に暮らしていたイスラム教徒は、特にミンダナオ島の東部ではしだいに少数派となっていった。

　フィリピンは長いスペインの植民地統治下に置かれたが、第二次大戦中の日本の軍政と戦後の米国の再占領を経て、1946年に独立を達成した。しかし、独立したフィリピンの国家権力はマニラを中心とする北部キリスト教徒の手に握られ、ミンダナオ島では、キリスト教徒が進める入植や農

園・鉱山の開発によって土地を奪われ、イスラム教徒や先住民の伝統的な生活と社会・文化はしだいに侵食されていった。

　ミンダナオ島のイスラム教徒の住民は、入植してきたキリスト教徒の移民に「先祖伝来の土地」を奪われる中で、抵抗運動をしだいに激化させていった。1965年に発足したマルコス政権下で、フィリピン中央政府によるイスラム教徒の抵抗運動に対する弾圧は強まり、1972年の戒厳令布告によって議会を通じての異議申し立ての道も実質的に閉ざされていった。そうした中、ミンダナオ島南部ではフィリピン共産党と関係をもつとされる新人民軍が政府軍に対して武装闘争を展開し、他方、ミンダナオ島西部のイスラム系住民は、モロ・イスラム解放戦線（Moro Islamic Liberation Front、以下MILFと略称）を結成し、ミンダナオ島の分離独立をめざして武装闘争を開始した。

　マルコス政権をはじめ、その後のアキノ（夫人）、ラモス、エストラーダ、アロヨ、アキノ（息子）の各政権とも、米軍と連携した政府軍による掃討作戦を進める一方で、懐柔や和平を試みたが、いずれも失敗と挫折を繰り返してきた。

　冷戦が終わった国際状況の中で、フィリピンのラモス政権は比較的穏健なイスラム勢力であるMNLFと1996年に和平協定を締結し、ミンダナオ島の西部を中心とする4州を自治地域（ARMM）とし、MNLFのリーダーであるミスアリ議長をその長官に据えた。しかし、その後も一向に改善が進まない状況の中から、新たにMILFが台頭し、2000年には政府軍とMILFとの戦闘で約80万人の難民を出す状況に至った。2001年に誕生したアロヨ政権はMILFとの和平交渉を行い、同年8月には停戦合意をした。しかし米国で起きた9・11同時多発テロはフィリピン政府とMILFの和平交渉にも大きく影響を与え、アロヨ政権は米国のテロとの戦いをいち早く支持し、2003年に軍事強硬路線に転換した。同年2月にはMILFの拠点を攻撃し、MILFは反撃のため国軍駐屯地を攻撃したため、紛争が再発した。

　その後、アロヨ政権が取り組んだ2008年の和平交渉では、ミンダナオのイスラム住民を、独自の歴史と文化をもち自己統治を行ってきた人々

と認め、そのアイデンティティと先祖伝来の土地や資源に関する権利を認めた。しかし、これはこの地域に利権をもつキリスト教徒の実業家や政治家の猛反対を受け、最高裁判所がこの交渉に違憲の判断を下したことから、和平自体が葬り去られ、MILFと政府軍との軍事衝突が起こった。また、共産勢力（フィリピン共産党・新人民軍・民族民主戦線）もフィリピン全土でテロ活動に従事し、2011年10月にはミンダナオ北部の北スリガオ州タガニートで、日系企業も関係するニッケル鉱山施設（Taganito HPAL Nichel）がフィリピン共産党の軍事部門である新人民軍による襲撃を受けるという事件も発生している。

　こうした中、アキノ（ベニグノ・アキノ・ジュニア）政権下で、2011年2月に和平に向けた予備交渉が開始され、同年8月には日本において、アキノ大統領とムラドMILF議長との非公式会談が開催された。2012年10月、両者は、同大統領の任期が終わる2016年までにミンダナオ島のイスラム系住民が住む地域に「バンサモロ（モロ民族）」の名を冠した新たな自治政府を樹立するなど、最終和平への道筋を示した「和平の枠組みに関する合意文書（枠組み合意）」に調印し、その後2014年3月に包括和平合意に署名がなされた。

　2016年時点で、バンサモロ自治政府の設立のために必要な法整備が進められているが、2015年1月、ミンダナオ島のマギンダナオ州ママサパノ町において、フィリピン国家警察特殊部隊とMILFとの大規模な衝突が発生するなど、その行方には依然として不安がある[1]。

## （2）事業対象地域の社会状況

　フィリピン諸島は、ルソン島周辺の群島・ヴィサヤ諸島・ミンダナオ島周辺の群島という三つの大きな群島で構成されているが、国土の南3分の1の部分にあたるのがミンダナオ周辺の群島である。ミンダナオ群島はミンダナオ島とその南西のスールー諸島などから構成されている。

　主要な産業は農業・林業・漁業であり、特にパイナップルやバナナなどの商品作物のプランテーションが名高い。北部の主要都市であるカガヤン・デ・オロには米国資本のデルモンテ社のパイナップルの加工工場があり、

その周辺や南ミンダナオには広大なパイナップル畑が広がっている。また、ダバオ市近郊にも同じく有名な米国資本のドール社による一面のバナナ農場が広がり、ともに加工工場をもち中国や日本などへ出荷されている。これら外資系企業の大農園の農場労働者になって働く農民も少なくなく、雇用の拡大に貢献してはいるが、その一方で労働者としての身分が不安定であるという問題もある。

ミンダナオ地方には六つの地域と 26 の州があり、うち、4 州は離島部にある。これら地域は 2001 年に大きく再編されている。「地域 12」（ソクサージェン地域、SOCCSKSARGEN）は、南コタバト州、コタバト州、スルタン・クダラット州、サランガニ州からなり、ミンダナオ島中部の南海岸を占める地域であり、もとは中部ミンダナオ地域と呼ばれていた。この地域には、州に属さない街としてジェネラル・サントス市、コタバト市がある。この地域名（ソクサージェン）は、四つの州とジェネラル・サントスの頭文字をとった造語である（123 頁の図 1 参照）。

他方、ミンダナオ島の圧倒的多数はキリスト教徒となっており、その比率はミンダナオ島北部・東部で高く、南部・西部に行くほどイスラム教徒の比率が高い。そして、ミンダナオ島西部は ARMM（ムスリム・ミンダナオ自治地域）であり、ミンダナオ島本島にあるラナオ・デル・スル州、マギンダナオ州と、スールー諸島にあるバシラン州、スールー州、タウィタウィ州からなる。この地域はミンダナオ島中央部のモロ湾に面した西海岸とスールー諸島からなる不規則な形状の地域である。ARMM の行政首都は、マギンダナオ州に囲まれているがソクサージェン地域に属するコタバト市にあり、飛地となっている。


## （3）日本のミンダナオ支援

フィリピンは、日本の戦後賠償の三大受取り国（インドネシア、ビルマ〔現ミャンマー〕、フィリピン）の一つであり、日本はフィリピンに対して長年、多額の ODA を供与してきた。しかし、日本の援助は原則としてフィリピン中央政府の要請に対する支援の形をとるため、紛争地であるミンダナオ島西部には日本の援助は長年の間、供与されなかった。

他方、ミンダナオ島の東部のフィリピン政府の直接統治が及ぶ州では、中心都市ダバオ周辺の道路整備など、フィリピン政府の要請に対応した支援案件はいくつか存在した。それでも、ミンダナオ島南部では長らく新人民軍等の反政府武装勢力やイスラム勢力の活動が活発で支援事業を進める環境になく、ミンダナオ島南部での支援事業は、比較的安定してきた1990年代後半になってからである。

　2000年代半ばより、対フィリピン外交のみならず国際平和協力の観点から、日本はフィリピン政府のミンダナオ紛争に関する和平努力に対する支援を強化するようになった。2006年10月から、フィリピン政府とMILFとの停戦監視等を任務とする国際監視団にJICA専門家を社会経済開発アドバイザーとして派遣した。さらに、フィリピン政府とMILFとの和平交渉のオブザーバー役である国際コンタクト・グループにもその発足時である2009年12月から日本人スタッフを派遣している。

　ミンダナオへの経済支援も重視し、日本政府は、ミンダナオ紛争影響地域に対する社会経済開発支援の総称として「J-BIRD（Japan-Bangsamoro Initiatives for Reconstruction and Development：日本・バンサモロ復興開発イニシアティブ）」を打ち出し、道路等のインフラ整備、人材育成、学校・病院・水道・職業訓練施設等の建設・整備を通じたコミュニティ開発等の分野で、2015年度までに総額160億円以上の支援を実施してきた。

　J-BIRD事業の特色は、日本独自の技術協力・無償資金協力・有償資金協力という三つの援助形態を有機的に組み合わせていることである。技術協力で紛争影響地域の対象村落への開発調査を実施して現地ニーズを確認し、調査結果にもとづいて小規模施設は少額の無償資金協力で迅速に対応し、中規模施設や地域の拠点となる施設は有償資金協力で広範囲に対応するといった包括的なアプローチである。

　たとえば、有償資金協力「ムスリム・ミンダナオ自治地域（ARMM）平和・開発社会基金事業」では、紛争で破壊されたインフラの修復のほか、学校、保健所、簡易給水施設などのコミュニティ施設や道路など、地域の拠点となるインフラ整備を支援。対象地域の住民が、開発計画の策定、建設対象となる施設の選定、施設の建設を行うなど、政府の支援を受けながら、住

民主導型で施設が整備される協力を実施した。

　このフィリピンの「ARMM 平和・開発社会基金事業」は、いわゆる社会基金（social fund）の典型的な例である。社会基金とは、「地元のグループからの要望に応じながら貧困層や弱者への裨益を目的とする小規模な事業に資金を提供する基金」のことであり、1987 年にボリビアで試みられて以来、貧困削減と社会的保護のための革新的開発手法として世界的に広まっていった。融資を使った貧困削減・社会的保護、多くのドナーの協調の仕組み、地元のグループや NGO による参加型開発、といった多くの興味深い要素を含んでおり、平和構築分野でも有用であると期待されている[2]。

　さらに 2012 年 3 月からは、和平後を見据えた人材育成や行政サービスの仕組みづくりを目指し、開発調査型技術協力「ミンダナオ紛争影響地域コミュニティ開発のための能力向上支援プロジェクト」を実施し、2015年 5 月には「ミンダナオの紛争影響地域におけるコミュニティ開発計画」（無償資金協力）を開始するなど、ミンダナオに対して日本政府は積極的な支援の姿勢を示している[3]。

　本章でとりあげる「南ミンダナオ沿岸地域環境保全事業」は、1990 年代後半にフィリピン中央政府の直轄州で実施された事業に対する支援案件であり、上記のミンダナオ島西部の自治地域に対する支援とは異なるものであるが、ミンダナオ紛争影響地域に対する社会経済開発支援の総称である「J-BIRD」の一つとして位置づけられている。また、本章で取り上げる南ミンダナオの住民組織を活用した事業も、上記の円借款による社会基金の経験を踏まえたものということができよう。

## 第 2 節　南ミンダナオ沿岸地域環境保全事業とその成果

### （1）南ミンダナオ沿岸地域環境保全事業の背景

　ミンダナオ島は、紛争など政治的な問題ばかりが話題にのぼることが多いが、豊かな森林・海洋資源に恵まれている島でもある。しかし、比較的治安が良いミンダナオ島東部では、皮肉にも、近年の急速な開発により環

境悪化が進んでいる。その中でも、同島南東部の「サランガニ湾・マトゥトゥム山流域（MMPL-SBPSと略称）」（23万ヘクタール）では、山岳部保全区域の約50%に当たる7,070ヘクタールの森林が消失しており、またジェネラル・サントス市の急速な発展（1993-98年の人口増加率は年6.7%）によって、下水等がサランガニ湾の環境に悪影響を与えていたため、環境保全が緊急の課題となっていた。たとえば、同市の人口は1996年には約34万人であったが、2007年には約53万人に拡大していた。

　また、サランガニ湾よりやや北にある南ダバオ州の「マララグ湾・バラシオ流域（MBRW-MBAと略称)」（6,500ヘクタール）では、上流域のバラシオ流域の森林が消失し、破壊的漁法等により沿岸の自然環境と漁業資源が劣化し、自然環境悪化を防止しつつ持続可能な開発を図る必要があった。また、フィリピンの沿岸地帯では、養殖池への転換・違法伐採等によるマングローブ林の減少、土砂の滞留、破壊的漁法等による珊瑚礁の死滅といった生態系の破壊が進んでいた。

　こうした環境悪化に対応するため、フィリピン政府は1992年、「保全区域法」を制定した。この法律では、中央政府による「保全区域」に指定されている地域の沿岸資源の保全、地方政府による「保全区域外」における沿岸資源の持続可能な開発の推進を規定した。フィリピン政府は環境や生態系の保全をその後も引き続き重視しており、近年は、生態系の統合管理を更に強化する政策がうちだされている。たとえば、フィリピン全体の包括的な開発計画である「中期開発計画2004-2010」でも、海洋生態系の保護を強化する目標・戦略が言及された。また、その後の「中期開発計画2011-2016」でも環境保全は重要な目標の一つに位置づけられている。

　本事業の開始当時（1998年）、フィリピン政府は、本事業地域を海域・陸域双方から総合的な環境保全対策を推進するモデル事業として位置づけ、さらに、本事業での経験をミンダナオ全島、ひいては全国での沿岸域環境保全に応用しようとした。このように、本事業は陸域・海域のエコシステムの運営を、参加型アプローチを採用しながら包括的に統合するフィリピン政府のモデル事業であった。

　また、本事業対象地域は、1990年代において、フィリピン中央政府と

ミンダナオのイスラム勢力との間の協議機構の対象地域である SZOPAD（平和と開発のための南部フィリピン協議会）に属しており、本事業は、ミンダナオの法と秩序の安定促進の観点からも重要であった。

### （2）事業の概要

　この事業は、ミンダナオ島南東部の「サランガニ湾・マトゥトゥム山流域（MMPL-SBPS）」と「マララグ湾・バラシオ流域（MBRW-MBA）」両地域において、植林、（治水）インフラ整備、環境保全センター、生計向上事業（Livelihood Assistance Program、以下 LAP と略称）等を実施することにより、海域・陸域双方から総合的な環境保全対策の推進を図り、もって自然環境の保全・回復および地域振興に寄与することをめざすものであった[4]。

　本事業はいくつかの異なるコンポーネントから構成され、アウトプットとしては、植林・アグロフォレストリ（果樹栽培）、インフラ整備（浸食防止工事、給水施設等）、し尿処理施設（当初は下水処理施設）、環境保全センター、LAP、と多岐にわたる。

　植林・アグロフォレストリは、この地域の環境改善・向上のための事業であるとともに、貧困層の多い地元住民の生活向上に資する事業である。そのため、植林と森林保全を目的に、地元の PO（住民組織）と森林管理契約を結び、そのうちのいくつかについては維持管理のインセンティブとして、LAP の形で各 PO にそれぞれ 5 万ペソ（日本円で約 10 万円）を供与した。また、し尿処理施設は、マララグ湾・サランガニ湾のし尿流入による汚染を防いで環境保全を図るものであった。

　日本の支援は円借款の形で供与され、円借款承諾額／実行額はそれぞれ 32 億 100 万円／ 22 億 9,900 万円、交換公文締結／借款契約調印はいずれも 1998 年 9 月になされた。なお、本事業は、環境保全事業として、重点分野として優遇条件（低利融資等）が適用される分野であった[5]。借入人はフィリピン財務省で、実施機関はフィリピン環境・天然資源省および南ダバオ州マララグ町政府となっていた。

　事業費については、審査時に計画された全体事業費は 42 億 6,800 万円（う

ち円借款分は 32 億 100 万円）であったが、実際には 31 億 8,100 万円（うち円借款分は 22 億 9,900 万円）と計画を下回った。計画を下回った主な理由は、為替レートの変化、下水処理施設の計画変更、業務費の節約、などによるとされるが、最も大きなものは下水処理施設（Sewage Treatment Project：以下 STP と略称）の建設からし尿処理施設（Septage Treatment Facilities：以下 STF と略称）への計画変更である[6]。この STP から STF への事業計画の変更は、下水処理施設のための土地提供がジェネラル・サントス市議会により否決されたため、同市周辺の町村に七つのし尿処理施設を建設することにしたためである。

## （3）ODA 事業の評価

　PO（住民組織）へのアンケート調査について詳述する前に、まず以下で、「南ミンダナオ沿岸地域環境保全事業」の成果を確認しておきたい。

　先述のように、本事業はいくつかの異なるコンポーネントから構成され、アウトプットとしては、植林・アグロフォレストリ（果樹栽培）、LAP、インフラ整備（浸食防止工事、給水施設、等）、STF（当初は STP）、環境保全センターと多岐にわたっていた。

　本事業の評価を紹介するという目的であれば、以下で、各々のコンポーネントごとに順にその成果の概要をみていくことが望ましいが、本章は、かならずしも本事業の評価を紹介するものではない。本事業の評価そのものに関しては、すでに JICA より外部評価者による事業事後評価報告書として、その結果が公表されている[7]。

　植林やアグロフォレストリ、LAP が森林保全に関する「グリーン・コンポーネント」として一体であるのに対し、それ以外のコンポーネントは別の種類のコンポーネントである（水に関係するため「ブルー・コンポーネント」と呼ばれた）。特に STF は本事業のなかではもっとも多くの資金を要した大きな支援コンポーネントであるが、多くの独自の課題も抱えており、後者について本章でとりあげるのは割愛することにした。

　したがって、以下では、植林・アグロフォレストリ・LAP という森林保全に関するグリーン・コンポーネントに焦点をあて、それと関連して実

施した受益者調査にもとづき、現地のコミュニティの生活の実態をPOや世帯へのヒアリングを通じて紹介することにしたい。

### （4）植林の効果指標——生存率

　本事業では、POとの植林契約を通じ、80％以上の植林の生存率を確保することが義務づけられていた。生存率とは、植林した木が、一定期間をへて枯れずに生存（残存）している比率のことである。その植林の成果をみると、本事業対象である二つの地域の植林（山間部のマホガニー、沿海部のマングローブなど）の2009年8-9月調査時点での生存率は以下のとおりであった。

　「マララグ湾・パラシオ流域」の12PO（3,114ha）：75-95％

　「サランガニ湾・マトゥトゥム山流域」の5PO（380ha）：60-86%

　これをみると、植林の生存率は平均するとおおむね目標である80％を達成している。比較的高い生存率を確保している主な理由として、植林契約POの多くが後述するアグロフォレストリとのパッケージ契約を締結しており、それが事業期間後の植林活動持続のインセンティブになっていることが考えられる。

　本事業では、事業計画時には、植林については、環境・天然資源省が住民組織と植林後の森林の維持管理について契約を締結し、その後の運営維持管理は住民組織が担当することになっていた。すなわち、森林およびマングローブ保全の継続性確保のための方策として、POとの植林契約でその後の植林を維持・管理することが規定されていた。そして、環境保全地域での植林・アグロフォレストリ契約POの住民に関しては、果樹の植林とその収穫が特別に許可されており、これが植林保全活動の継続のインセンティブとなっているのである。

　POとの植林・森林管理に関する長期契約は、生存率を継続的に確保するための制度的仕組みとして有効であり、特に植林とパッケージとなっているアグロフォレストリ（果樹栽培）による収入が、持続性確保のインセンティブとしてきわめて有効である。つまり、植林・森林保全活動を継続して実施してもらうために、アグロフォレストリを許可し、その収穫により一

定の収入が確保されることから、これをある種の取引材料として、森林管理を継続してもらうインセンティブにするという仕組みである。果樹はマンゴー、ランブータン、ドリアン、ジャックフルーツなどであり、いずれも町の市場に持ち込み販売することにより、貴重な金銭収入源となる。

山間部の植林地区

　実際、2009 年 8-9 月時点での調査によれば、マララグ湾・パラシオ流域の 12PO のすべてが植林保全活動を継続しており、特にその中の 6PO は、当初の PO 構成員の 80-95% が引き続き活動を継続していた。また、サランガニ湾・マトゥ

沿岸部のマングローブ植林地区

トゥム山流域については、当初の 20PO のうち、18PO が 885 ヘクタール（そのうち 41 ヘクタールがマングローブ）の森林保全契約を締結済みであり、植林保全活動を継続していた。

　ただし、海岸沿いのマングローブ植林の持続性のインセンティブはかならずしも強くない。これは、海岸沿いの漁村にとっては、海岸沿いの地域であるがゆえに、アグロフォレストリ（果樹栽培）のような利益につながるインセンティブがなく、そのことがマングローブの残存率の相対的低さにつながっていると考えられる。

　なお、少数民族の伝統的居住権認定により、持続的な森林・土地利用へのインセンティブを与えることに関しては、計画時の「少数民族」という言葉は、現実の事業ではかならずしも厳密に解釈されているわけではない。支援対象住民組織はかならずしもすべてが少数民族（主としてイスラム教

植林契約住民組織のモニタリングボード

徒）ではなく、移住してきた者（主としてキリスト教徒）も含んだ山間部および沿岸部の比較的貧困な住民全体を対象としているためである。ただし、計画段階で言及された「伝統的居住権認定」は、支援対象地域のPO住民に対する土地の権利認定という形で実施されており、これも植林契約POが植林活動を継続するインセンティブの一つとなっているといえよう。

## （5）アグロフォレストリの効果指標——契約住民組織の収入源拡大

　果樹（マンゴー、ランブータン、ドリアン等）の収穫には植林から一定の年数を要するが、本事業で果樹を植林した後3-6年が経過し、2012年時点ですでに収穫期に入り、多くの住民組織（PO）で重要な収入源となり、加盟世帯の生計向上にもつながり、想定どおりの目標を達成していた（受益者調査ヒアリングにもとづく）。

　植林については、植林協定締結後の運営維持管理は住民組織が担当することになっており、POが新たな苗の購入も含めて維持管理を行うこととなっていた。POの植林事業に関する財務は、植林作業の手数料、アグ

山間部で収穫されたドリアン等の果実

ロフォレストリによる果樹の販売収入および将来的な木材伐採を通じた木材販売収入をインセンティブとして得ることにより、事業を持続することが計画されていた。

　POとの植林・森林管理に関する契約では、事業期間の植林はPOの収入源ともなるが、そ

の後の維持管理費用は（追加的な苗の購入も含めて）PO側の負担となる。この点については、アグロフォレストリとのパッケージ化で、果樹等の収穫と販売により収益があげられるので、契約POの各世帯も熱心に植林活動に参加している。

山間部から販売のために運ばれる収穫物

　他方、沿海部のマングローブ植林に関しては、アグロフォレストリとのパッケージ化が困難であり、追加的な資金負担をともなう維持管理や追加的な植林に対するインセンティブはかならずしも強いとはいえない。

## 第3節　受益者調査の方法と対象住民組織の概要

　本章で紹介したいのは、本事業の一部である森林保全を効果的かつ持続的に行うために重要な役割を担う住民組織（PO）の実態と、そのPOに森林保全を継続的に実施するために供与された生活・生計向上支援事業（LAP）の効果や成果である。

　そこで、以下では、本事業のコンポーネントの中核を構成している植林、アグロフォレストリそしてLAPの「グリーン・コンポーネント」に焦点をあて、このPOの状況とLAPの成果に焦点をあてて説明することにしたい。

### （1）受益者調査の方法

　本事業は、数多くのコンポーネントを含む事業であるが、その中核は、植林、アグロフォレストリ（果樹栽培）およびLAP（生計向上支援）であり、これらは相互に関連し「グリーン・コンポーネント」として一体としてとらえられる。アグロフォレストリは植林に伴う収益源であり、LAPは植林を行うPO（合計60のPO）に対して供与され、いずれも植林を促進す

るインセンティブとして供与された。

　この事業の経済社会インパクトを評価するために、サランガニ湾・マトゥトゥム山流域とマララグ湾・バラシオ流域のLAPの支援対象となったPOのいくつかを選択してアンケート調査を実施した（次頁の図１参照）。それに加え、比較対象としてLAPの支援対象とならなかったPOもアンケート調査の対象とした。こうした手法は、支援を受けた地域・住民（対象者）と支援を受けなかった地域・住民（非対象者）を比較するという意味で「with-without分析」と呼ぶ。

　アンケート調査対象のPOは、LAPを受けたPOと、LAPを受けなかったPOの二つのカテゴリーに分けられる。この二つのカテゴリーに分けて、地理や宗教などの属性を判断して偏りのないようにサンプリングし（mixed purposeful samplingという手法）、サランガニ湾・マトゥトゥム山流域とマララグ湾・バラシオ流域のそれぞれについて六つのLAPの供与を受けたPO、合計12のPOを選択した（LAPを供与したPOの数は合計60であるため、その５分の１を調査対象としたことになる）。また、それら二つの地域それぞれについて三つおよび二つのLAPなしのPOも調査対象として選択した（合計5）。したがって、調査対象となったPOは合計17である。

　そして、各POから村長を含めてPOの加盟メンバーである５世帯に対してインタビューを実施した（村長は各POで必ずインタビューの対象とした）。17のPOを調査対象としたため、インタビュー実施数は、合計85世帯（45のLAPありPOの住民、25のLAPなしPOの住民）である。

　また、各POの村の中には、POの組合員となっている世帯以外に、POの組合員となっていない世帯もある。各村でPOの組合員になるには、会員としての出資金を加盟時に支払う必要があり、POによってその金額は異なるが、平均的な金額は2,000ペソ（4,000円程度）であり、貧困世帯やそれに見合う利益がないと考える世帯はPOに加盟しない場合もある。ヒアリングをしたPOの組合加盟率の平均はおよそ90％である。そこで、インタビュー対象の世帯の中に、各POについて１世帯ずつ非組合員の世帯を含めた（従って、17PO全体で合計17の非組合員世帯を追加）。地域的に

図1　南ミンダナオの行政区分と二つの支援対象地域の場所

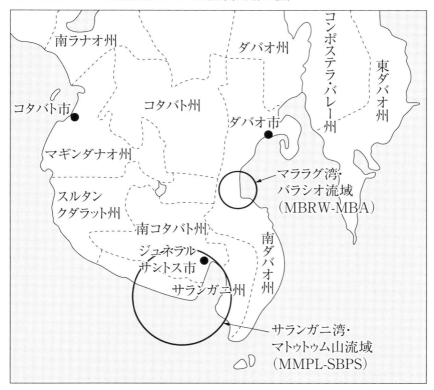

（注）フィリピン天然資源環境省のプロジェクト資料より作成。

は、マララグ湾・バラシオ流域で合計54世帯（9PO）、サランガニ湾・マトゥトゥム山流域で合計48世帯（8PO）であり、両方をあわせた合計インタビュー世帯数は102、ということになる。

　各世帯に対する質問表の中核は2種類に分かれ、一つはPO全体の状況についての質問であり、もう一つは各世帯の状況についての質問である。その他に、本プロジェクトで関与した活動、プロジェクトに関する認知度、本プロジェクトの生活状況へのインパクト（衛生、水・電気へのアクセス、環境保全意識等）、等について質問した。

　一般的に、プロジェクトのインパクトを評価する最も基本的な手法は、プロジェクトを受ける前の状況とプロジェクト後の状況を比較することで

あり、この比較を「事前 - 事後（before-after）分析」と呼ぶ。プロジェクト対象地域の住民の生活状況の変化を具体的に把握するために、回答者の生活状況について、家屋（自宅、借家等）、移動手段（自動車、バイク、自転車等の保有）、通信手段（携帯電話）、平均月収（プロジェクト前の2004年およびプロジェクト後の2010年）について確認した。平均月収のこの6年間の変化がある場合には、その変化の理由についても確認した。その他、必要に応じて関連する質的情報を聞き取り記録した。

　なお、この質問表は、現地住民の言葉であるビサヤ語・セブアノ語に訳され、3人の現地の調査員を雇って現地インタビューを実施した。また、LAPのアンケート調査は、2010年8月19日から31日の間に実施された。

## （2）受益者調査の対象となった住民組織の概要と特徴

　表1は、アンケート調査の対象として選択した各住民組織（PO）の名

表1　調査対象PO（合計17）と位置する村の名称

| マララグ湾・パラシオ流域 (MBRW-MBA) | | サランガニ湾・マトゥトゥム山流域 (MMPL-SBPS) | |
|---|---|---|---|
| LAP あり | LAP なし | LAP あり | LAP なし |
| n = 30 | n = 15 | n = 30 | n =10 |
| Balasiao Integrated Social Forestry Association (**Balasiao**) | Tabigue Fisherfolk Association, Inc. (**Sinawilan**) | Linan Protected Area Multi-Purpose Cooperative (**Linan**) | Sarif Muksin Bayside Association (**Baluan**) |
| Pasig Agrarian Reform Beneficiaries and Upland Farmers MPC (**Pasig**) | Palili Mangrove Planters Association (**Palili**) | Alnamang Hilltribe Growers Association, Inc. (**Cebuano**) | Ladol Deputized Fish Warden and Labor Association (**Ladol**) |
| San Juan Multi-Purpose Cooperative (**Kisulan**) | Punta Piapi Mangrove Association (**Punta Piapi**) | Aplod Spring Association (**Landan**) | |
| MPC Cogon Bacaca Barangay Tanod Multi-Purpose Cooperative (**Cogon Bacaca**) | | Amguo B' laan Farmers Multi-Purpose Cooperative (**Palkan**) | |
| Padada Mangrove Planters Association, Inc. (**San Isidro**) | | Muslim-Christian Marginalized Fisherfolk Organization (**Glan-Padidu**) | |
| Punta Biao Fisherfolk Association, Inc. (**Punta Biao**) | | Minanga Urban Poor Association Inc. (**Buayan**) | |

（注）カッコ内は村（バランガイ）の名称。

称とその PO の位置する村（barangay、フィリピン独特の単位であり適訳がないため本章では便宜的に「村」とした）の場所である。マララグ湾・バラシオ流域の六つの LAP あり PO と三つの LAP なし PO、および サランガニ湾・マトゥトゥム山流域の六つの LAP あり PO と二つの LAP なし PO を調査対象とした。

　マララグ湾・バラシオ流域の六つの LAP あり PO は、1988 年から 2004 年の間に設立され、三つの LAP なし PO はいずれも 2004 年に設立されている。他方、サランガニ湾・マトゥトゥム山流域の六つの LAP あり PO は、1995 年から 2004 年の間に設立され、二つの LAP なし PO はそれぞれ 2000 年と 2004 年の設立である。

### （3）調査対象世帯の概要と特徴

　部族に関しては、マララグ湾・バラシオ流域の回答者の 87% がセブアノであり、サランガニ湾・マトゥトゥム山流域の LAP あり PO では逆に 47% がブラーン、27% がセブアノで、他はイロンゴないしタガログ語族である。サランガニ湾・マトゥトゥム山流域の LAP なし PO では、50% がゼブアノ、50% がマギンダナオである。

　対象地域の多くはキリスト教徒であるが、中にはイスラム教徒が大半を占める PO も存在する。また、サランガニ湾・マトゥトゥム山流域の LAP なし PO に関しては、約 50% が

イスラム教徒が集うモスク

キリスト教徒が集う教会

＊いずれもサランガニ湾に近い地域で撮影、
　こうした施設は近接・混在している。

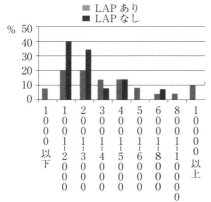

図2　MBRW-MBA 地域の世帯月収

■ LAP あり
■ LAP なし

所得階層（ペソ）

（注）アンケート調査回答より筆者作成。

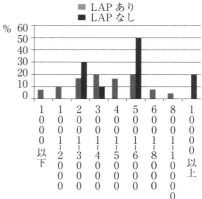

図3　MMPL-SBPS 地域の世帯月収

■ LAP あり
■ LAP なし

所得階層（ペソ）

（注）アンケート調査回答より筆者作成。

イスラム教徒であった。いずれにせよ、対象地域はキリスト教徒が多数を占めるものの、イスラム教徒も少なからず居住する、宗教的には混在する地域であることが特徴であり、また両者の融和を促進する本事業の目的とも整合しているといえよう。

　世帯人数に関しては、平均6人（3人が最少で11人が最多）である。大半の回答者は、自己所有の家に住んでいると回答したが、85の回答のうち2は借家（いずれもLAPなしの村）、6が共同、との回答であった。

　マララグ湾・バラシオ流域のLAPありPOの世帯の37%は馬を所有しており、サランガニ湾・マトゥトゥム山流域のLAP無しPOの世帯では43%が馬を所有。海岸沿いの世帯では、自分の船を漁業の手段として所有している。また、85世帯のうち32（37%）がオートバイを所有する一方、すべての世帯が固定電話をもたない。携帯電話については、マララグ湾・バラシオ流域のLAPありPOの世帯は60%（18世帯）が所有、LAPなしPOの世帯で47%（7世帯）が所有している。サランガニ湾・マトゥトゥム山流域では、75%（25世帯）が携帯電話を所有している。

　合計85の各世帯の月収については、最も高いカテゴリーの10,000ペソ（約2万円）以上の世帯は、マララグ湾・バラシオ流域のLAPありPOで

3世帯（10%）、サランガニ湾・マトゥトゥム山流域で1世帯（7%）であった。最も低いカテゴリーは、月収1,000ペソ以下であるが、それぞれの地域で2世帯ずついた。多くの世帯は月収1,000ペソから5,000ペソの範囲にいる。図2および図3は、マララグ湾・バラシオ流域およびサランガニ湾・マトゥトゥム山流域のそれぞれの世帯の月収の分布を示した図である。

## 第4節　受益者調査にみる生計向上支援の成果とインパクト

### （1）住民組織の資産拡大

　本事業では、生計向上支援（LAP）が実施された。また、そのための各種施策の受け皿となる多目的住民組織（PO）の形成を促した[8]。

　本事業による支援金額は、各支援対象のPOそれぞれにつき5万ペソ（2004年から供与）であった。この資金をPO組合員の生活向上のために活用し、組合内で共同購入した家畜や農産物販売等を行い、POの資産を拡大させていくことを想定していた。ただし、具体的な資金使途については、各POの判断にゆだねる「オープン・メニュー方式」であり、計画時点では、合計300万ペソ（5万ペソ X 60PO）が、2年間で合計482万ペソに拡大する（増加率：約161%）ことが想定されていた。

　2006年7月に、全60POのうち43POについてJICAによって活用状況調査がなされ、その報告書によれば、これら43POの合計でみると、2004年時点で供与された215万ペソの資金が、2007年7月には365.2万ペソに拡大したとの調査結果が出ている（増加率：約170%）。

　筆者の調査チームは、上記の供与資産のその後の増減を再確認する作業として、生計向上支援（LAP）を受けた12の契約POに対するアンケート調査を2010年8月に実施した。各PO組織長へのインタビューによると、マララグ湾・バラシオ流域の6POでは、2004年に供与された支援金5万ペソの資産が、2010年8月時点で平均して約12.5万ペソに拡大。それに対し、サランガニ湾・マトゥトゥム山流域の6POは、平均して約0.8万ペソに減少している。図4の左図と右図は、それぞれの地域のLAPありPOの資産の増減を示したものである（事前－事後分析）。

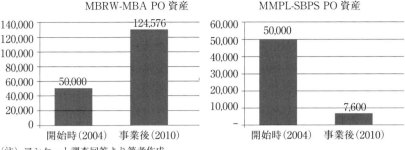

図4　対象POのLAP供与資金のその後の変化（単位：ペソ）

MBRW-MBA PO資産　　　　　　　　　MMPL-SBPS PO資産

（注）アンケート調査回答より筆者作成。

　支援金の使途は参加型手法によるオープン・メニュー方式をとっている
ため、POごとに支援金の活用方法は異なる。全体として平均すると、想
定をやや上回る程度の効果がえられているといえないこともないが、マラ
ラグ湾・パラシオ流域で資産が拡大し、サランガニ湾・マトゥトゥム山流
域では逆に資産が減っている。すなわち、二つの地域では状況がかなり異
なるが、その理由はいったい何であろうか。次項で検討してみよう。

## （2）住民組織ごとの生計向上支援金の使い道の相違

　生計向上支援（LAP）の資金の使い道としては、家畜等の共同購入を行
った住民組織（PO）や共同で栽培した農産物の販売を行ったPO、小規模
融資として組合員に貸し付けたPOもあった。85の質問した各世帯の回
答をみると、マララグ湾・パラシオ流域のPO会員の回答者は、LAPの
使い道として、家畜の飼育（11件、36%）、水供給（9件、30%）、小規模融
資（6件、20%）と回答した。他方、サランガニ湾・マトゥトゥム山流域
では、小規模融資、農作物栽培、家畜の飼育の順である。

　図5は、具体的なLAPの使い道を、地域ごと、分野ごとにまとめたも
のである。両地域のPOの資産増減の違いの理由としては、前者がLAP
の支援金を水供給や家畜購入にあてたPOが多く、それに比べて後者の多
くは組合員への融資にあてたPOであり、その後の野菜不作などにより資
金回収が順調になされていないことによるところが大きいと考えられる。

　事業実施後の資金の運用はPOに任されているが、水供給に関しては、

図5　対象 PO の LAP 資金の使途

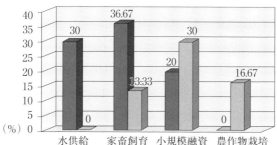

- MBRW-MBA
- MMPL-SBPS

（水供給）30 / 0
（家畜飼育）36.67 / 13.33
（小規模融資）20 / 30
（農作物栽培）0 / 16.67

（注）アンケート調査回答より筆者作成。

費用と収入のバランスをとる工夫がみられ、総じて効果的に運営されているということができる。他方、組合員への小規模融資に使った PO では、資金回収がなされず資産が減少しているところが多い。各 PO の村長へのインタビューによれば、マララグ湾・バラシオ流域の PO は、技術能力や資金の不足に加え、融資の回収率の低さや運営の失敗などを課題としてあげ、サランガニ湾・マトゥトゥム山流域の PO は、資金の不足や技術セミナーの必要性等を課題としてあげていた。

水道管による水供給の例

野菜栽培の集荷（村の集会場前）

## （3）住民組織の組織強化──組合参加世帯・植林活動参加世帯の増加

また、5 万ペソの LAP は PO という組織に対して供与されることから、PO の組織強化にも貢献している。それを示す証拠の一つは、PO の組合

加盟世帯数の増加である。PO の中で植林活動に参加する世帯数は、LAP を受けた PO で増加し、その一方、LAP を受けなかった PO では減少している。

　表 2 は、2004 年における PO に所属する世帯数の平均値と 2010 年の平均値を示したものである。マララグ湾・バラシオ流域の LAP あり PO は、組合加盟世帯数が 2004 年の 79 から 2010 年には 121 に増加している。他方、同地域の LAP なし PO では、組合加盟世帯数が 2004 年の 36 から 2010 年の 29 へと減少している。また、サランガニ湾・マトゥトゥム山流域域の LAP あり PO では、組合加盟世帯数が 2004 年に 58 であったのが 2010 年には 84 に増加している。他方で、同地域の LAP なし PO では、2004 年に 60 であったのが 2010 年に 53 に減少している（事前－事後分析と with-without 分析をクロスさせた分析）。

　すなわち、2004 年から 2010 年の 6 年間に、PO の組合加盟世帯数はいずれの地域でも、LAP あり PO で増加し、逆に LAP なし PO で減少している。これは、LAP が PO の活動を活性化させ加盟世帯を増やすことにつながったことを示していると考えられる。

　また、植林活動（契約）に参加した 17 の PO のなかで、植林、アグロフォレストリ、LAP の活動に参加した世帯の数も、PO 強化を示す指標の一つと考えられる。

　2004 時点では、マララグ湾・バラシオ流域の LAP あり PO の中で植林に参加した世帯数は平均 41 世帯であった（最も少ない PO で 23 世帯、最も多い PO で 81 世帯）。他方、LAP なし PO では、その数は平均 35 世帯（最も少ない PO で 15 世帯、最も多い PO で 37 世帯）でやや少ない。

　2010 年には、マララグ湾・バラシオ流域の LAP あり PO での植林参加世帯数の平均は 55 世帯であり、その数は（41 から）増加している。 他方、LAP なし PO では、2010 年には（35 から）0 へと減少している。これは、この地域では 2004 年にマングローブ植林に参加したものの、その時点の事業が終了したのちは何ら活動していないことを意味する。

　他方、サランガニ湾・マトゥトゥム山流域では、2004 年時点で、植林に参加した世帯数の平均は 79 世帯（最少で 22 世帯、最多で 128 世帯）であり、

表2 PO加盟世帯数（1PO当たりの平均）の推移

| | マララグ湾・パラシオ流域 (MBRW-MBA) | | サランガニ湾・マトゥトゥム山流域 (MMPL-SBPS) | |
|---|---|---|---|---|
| | LAPあり | LAPなし | LAPあり | LAPなし |
| 2004 | 79 | 36 | 58 | 60 |
| 2010 | 121 | 29 | 84 | 53 |

（注）インタビュー調査に基づき筆者作成。

マララグ湾・パラシオ流域より多い。LAPなしPOでは、参加世帯の平均は68世帯でこれより少ない。2010年になると、同地域のLAPありPOの参加世帯数は平均で84世帯に増加しているのに対し、LAPなしPOでは平均で68世帯から20世帯へと減少している。

PO の集会所（キリスト教徒の村の例）

　すなわち、LAPを受けたPOに関しては、POの植林活動に参加する世帯の数は、平均数でみると、いずれの地域でも2004年から2010年にかけて増加していることが示されている。

　他方、植林活動への参加世帯の減少が生じる原因として

PO の集会所（イスラム教徒の村の例）

は、POの「予算の不足」「支援金額の不足」「コミュニティ外での仕事をさがす傾向」をあげている。特に、サランガニ湾・マトゥトゥム山流域のPO（LAPの有無に関わらず）では、参加世帯の減少の理由として、「マングローブ植林後の支援の欠如」「持続的活動の欠如」をあげている。また、「環境改善の非排除性に伴うフリーライダー（ただ乗り）の問題」（植林活動に参加しなくても環境改善の便益を受けることができること）にもよるとのこと

であった。

## （4）世帯の所得向上

　また、事後評価で実施した、植林・アグロフォレストリおよびLAP対象の合計12PO（72世帯）に対するアンケート調査の結果でも、2004年時と2010年時の契約POに加盟する各世帯の平均収入（月収）を比較すると、おしなべて上昇していることが示されている（事前−事後分析）。表4はPOの世帯の、プロジェクト開始の2004年（事業開始前）から2010年（事業完了後）の平均月収の変化を示したものである。すべての分野で所得は増加している。

　特に、マララグ湾・バラシオ流域のLAPありPOの世帯は、2004年の2,167ペソから2010年には3,600ペソへと大きく拡大した。LAPなしPOは2004年の2,000ペソから2010年の2,500ペソであり、増加率が前者よりも低い。他方、サランガニ湾・マトゥトゥム山流域のLAPありPO世帯の平均月収は、2004年の3,800ペソから2010年には4,440ペソに増加している。同地域のLAPなしPOの数値も拡大しているが、そこではPOごとの相違がきわめて大きい（2004年で1,000–6,000ペソ、2010年で1,500–8,000ペソ）。

　2004年では、マララグ湾・バラシオ流域のLAPなしPOの住民の所得（月収）が最も低く（2,000ペソ）、同じ地域のLAPありPOがそれに続く。2004年から2010年の間の平均所得の増加率では、マララグ湾・バラシオ流域のLAPありPOが最も高く（66%）、同地域のLAPなしPOも25%と比較的高い。後者でも所得の増加率が高いことから、この地域全体の所得がマクロ的な要因により底上げされていることが推測される。サランガニ湾・マトゥトゥム山流域は、全体としてはマララグ湾・バラシオ流域よりも所得が高いが、その増加率は相対的には低く、それでもLAPを受けたPOの増加率はLAPがなかったPOよりも高い。こうした平均世帯収入拡大の理由は何であろうか。

　所得（月収）拡大の理由として、マララグ湾・バラシオ流域（LAPありPO）では、多く（23人、77%）が、本事業のLAPによるものという返答

表4　植林契約POの事業実施前と実施後の平均世帯月収の比較（単位：ペソ）

| | マララグ湾・バラシオ流域 (MBRW-MBA) | | サランガニ湾・マトゥトゥム山流域 (MMPL-SBPS) | |
|---|---|---|---|---|
| | 支援あり | 支援なし | 支援あり | 支援なし |
| 2004 | 2,167 | 2,000 | 3,800 | 4,089 |
| 2010 | 3,600 | 2,500 | 4,440 | 4,148 |
| 増加率 | 66% | 25% | 17% | 1% |

（注）アンケート調査回答より筆者作成。

であった。その他、43%（13人）はアグロフォレストリ、23%（7人）が植林によると答えた（複数回答あり）。他方で、17人（57%）は他の要因をあげている。サランガニ湾・マトゥトゥム山流域のLAPありPOでは、27人（90%）が他の要因をあげているものの、15人（50%）はLAPによるものと回答している。何人かの回答者は、彼らが植えた木・果樹の収穫は2010年時点ではまだないが、将来は収穫できると答えた。

　他方で、LAPなしPOの回答者は、マララグ湾・バラシオ流域では15人全員（100%）が、サランガニ湾・マトゥトゥム山流域では10人のうち7人（70%）がその他の要因をあげていた。この「その他」と答えた回答者は、所得向上の理由として「小規模ビジネスへの関与、家畜の飼育、漁業、商品販売、公共交通サービスの提供、農業」をあげている。

　これらから、所得向上がかならずしも本事業の植林、アグロフォレストリ、LAPだけに依存したものでないことがわかる。

### （5）全般的な生活状況の変化

　生活全般の改善状況については、村長に対する質問では、二つの地域のいずれでも、POの大半（17のうち13）は、2004年から2010年の6年間に生活が「改善された」と回答している。サランガニ湾・マトゥトゥム山流域の一つのPOのみが「改善せず」と答え、三つのPOが「不明」と回答した。

　17のPOの合計85世帯の回答をみると、多くの回答者は、2004年よりも現在（2010年）の方が生活が「改善した」と回答している。特に、マララグ湾・バラシオ流域のLAPありPOの回答者の93%（30人のうちの28人）が「改善した」と答えた。他方、LAPなしPOでも、いずれの地

域でも大半（19人）が「改善した」と回答し、「改善せず」との回答は0であり、「改善した」原因が、かならずしも LAP よるものではないことが推測される。

　なお、生活に関連する衛生状況や水・電気などのアクセスについての回答は、以下のようなものであった。

　17の PO の長へのヒアリングでは、衛生状況については、17のうち15の PO が「改善した」と回答し、二つが「不明」と回答した。水へのアクセスについては、17のうち15の PO が「改善した」と回答し、二つの PO が「不明」と回答。電気へのアクセスについても、17のうち15の PO が「改善した」と回答し、2 PO が「改善せず」と回答した。

　17の PO の各世帯へのアンケートでも同様な傾向が示されている。水へのアクセスについては、どの地域でも大半の回答者（73% から100%）が2004年と比較して「改善した」と回答（85のうち2のみ「改善せず」と回答、11が「不明」と回答）。電気へのアクセスについては、67% の回答者が「改善した」と回答。マララグ湾・バラシオ流域の PO の大半（LAP あり PO で93%、LAP なし PO で87%）と サランガニ湾・マトゥトゥム山流域の LAP あり PO の大半（90%）が「改善した」と回答している。

　非組合員（PO の非組合員の回答者は各 PO から1人ずつ合計17人）に関しても、17人のうち15人が2004年と比較して生活は「改善した」と回答した。16人は衛生状況が「改善した」と回答し、水アクセスに関しても17のうち大半は「改善した」と回答した。

　以上のように、生活改善効果、衛生状況、水へのアクセス、電力へのアクセス、いずれに関しても、LAP ありと LAP なしの PO のいずれも改善したという回答が大半であることから、これらの改善は LAP によるものというよりは、これらの地域全体で経済社会状況が改善していることが反映しているものと解釈できる。


### （6）環境および環境保全意識の変化と関連案件
　17の PO の村長に対するヒアリングでは、17のうち15の PO が「環境

保全意識のレベルが向上した」と回答し、サランガニ湾・マトゥトゥム山流域の二つの PO のみが「不明」と回答した。また、17 の PO の合計 85世帯の回答者のうち、大半の回答者が、「環境保全の重要性を意識するようになった」と回答した。マララグ湾・バラシオ流域の LAP あり PO とサランガニ湾・マトゥトゥム山流域の LAP なし PO では、すべての人が同様に回答している。

　グリーン・コンポーネント（植林、果樹栽培、LAP）による変化としてあげられているのは、「一度はげ山になった地域で木が育つようになった」「土壌の浸食がとまったり気候が安定するなどの生態系の改善がみられた」などである。海岸沿いの PO では、「マングローブの木が大波や強風から村を守るようになった」との回答のほか、「きれいな海岸」「涼しい環境」「水源へのアクセスの改善」「環境保全意識の向上」などがあげられている。また、「植林により気温が下がった」「土砂崩れがなくなった」「きれいな水にアクセスできるようになった」との回答の例もあった。

　また、「本プロジェクトのおかげで他のドナーからも支援が来るようになった」との回答もあった。実際、支援対象の二つの地域のいずれでも、アンケート対象の PO は他の援助機関・団体からも支援を受けている。

　具体的には、マララグ湾・バラシオ流域地域では、地方政府、農業省、ダバオ総合開発計画、漁業・水産資源局、山間部開発計画、労働雇用省からの支援を受けている。支援の内容は、天日乾燥機、生計支援、水供給事業などである。マララグ湾・バラシオ流域の LAP なし PO は、地方政府、漁業・水産資源局から、豚の飼育、野菜・海草栽培について支援を受けている。

　他方、サランガニ湾・マトゥトゥム山流域の LAP あり PO では、小規模起業、小規模融資などについての支援を政府及び民間から、すなわち GMA Fund、労働雇用省、保健省、地方政府、農業省、農業改革省、Care International、などから受けている。

　他方、LAP なし PO は漁村が多く、LAP あり PO と比較すると、他ドナーからの支援の機会が相対的に少ない。ただし、いずれの地域でも LAP なし PO は漁業・水産資源局の生計支援を受けていた。

## （7）グリーン・コンポーネントへの満足度と課題

　大半（12のうち9）のLAPありPOは、本プロジェクトに「満足」と回答している。他方、いずれの地域でも、LAPなしPO（5）はすべて「不満足」ないし「不明」と回答している。この理由は、それらPOがLAPの受益者ではないことに起因することは明白である。

　85の回答者のうち各世帯の回答をみると、LAPありPOでは、大半（90%）の回答者は本プロジェクトのグリーン・コンポーネントに満足していた（60のうちの54）。LAPなしPOの回答者では、満足との回答は10のうち6（60%）にとどまった。

　今後の事業の改善のための課題・提案に関しては、いくつかの異なる回答があった。

　劣悪な道路事情のため、農産物の市場への運搬に問題あり（特に雨季）との回答があった。マングローブの維持方法の研修が必要との回答もあった。違法な漁業、マンゴーの病気、POの財務管理の問題も改善すべき問題としてあげられていた。改善のための提案・提言として、回答者は以下のような提案・提言をしていた。給水システムは他のコミュニティへと拡大されるべきである、市場へのアクセス道路を改善する必要がある、生計向上支援事業への追加的資金の必要性、などである。

　マララグ湾・バラシオ流域のLAPありPOは、より多くの資金援助や市場への道路整備、特に水供給システムの整備を期待していた。同地域のLAPなしPOは、生計向上支援、特に家畜育成やマングローブ事業を期待していた。サランガニ湾・マトゥトゥム山流域のLAPありPOは、生計支援や資金援助を求め、能力向上のための研修やマングローブ回復のための資金・技術支援を期待していた。

## 第5節　まとめ——事業の中長期的なインパクト

　最後に、本章でとりあげた「南ミンダナオ沿岸地域環境保全事業」が現地の経済・社会・政治に与える中長期的なインパクトについてまとめておくことにしたい。

## （1）生計向上支援の成果

　以上のアンケート調査の結果をふまえて LAP の成果を整理すると、以下のようにまとめられよう。

　PO およびその活動への参加に関しては、事業の開始から現在までに、以下のような変化が生じている。LAP あり PO では参加世帯の拡大がみられ、他方、海岸沿いのマングローブ植林の LAP なし PO に関しては、組合加盟世帯数が減少している。

　世帯収入（所得）に関しては、全体として 2004 年より 2010 年の方が高くなっている。ただし、その収入の増加はかならずしも本プロジェクト（グリーン・コンポーネント）によってのみもたらされたわけではない。他の収入源として、農業、漁業、小規模ビジネスへの関与などがある。

　PO の資産はマララグ湾・バラシオ流域で 2004 年から 2010 年にかけて増加した。しかし、サランガニ湾・マトゥトゥム山流域の PO では減少している。その主要な原因は、運営上の問題であり、たとえば、PO から資金を借りた PO メンバーの資金回収の困難などである。

　本事業の本来の目的である環境保全に関しては、全体として、受益者は以下のような便益を認識していた。①多くの木の存在によるより緑の多い環境、②より良い涼しい気候、③山間部のコミュニティでの地滑りの減少、④海岸沿いのコミュニティでのマングローブによる強風や波の影響の低減、⑤水・電気へのアクセス、衛生状況の改善、環境保全意識の向上 、⑥本プロジェクト後の他のドナーからの支援の追加（本事業は他のドナーからの支援・資金がくるための道を切り開いた）、などである。

## （2）天然資源の持続的利用を通じた地域振興

　一方、本事業の中長期的なインパクトとしては、計画時には、「海域・陸域双方の自然環境の保全・回復と天然資源の持続的利用を通じた地域振興」が想定されていた。具体的には、生計向上施策の実施、アグロフォレストリによる果実収入、木材伐採収入、マングローブ植林などによる漁場改善効果、などにより、女性や子供を含め地域住民の生活・生計向上が期待されていた。

上述のように、生計向上施策の実施、アグロフォレストリによる果実収入によって、対象 PO の生活改善・所得向上につながっている効果はある。

　他方、木材伐採収入については、植林実施時期は 2004-2007 年であり、伐採は植林後 7-8 年後から開始することが可能になることから、2010 年時点では、いまだ木材収益はなかった。2010 年時点での木材収入は、植林に際して得た植林手数料（1 本当たり 25-50 ペソ）に限定されている。したがって、事業実施期間中の契約 PO の所得向上に一定程度の貢献はあるが限定的である。

　また、マングローブ植林による漁場改善効果に関しては、沿岸部の PO に対するヒアリングで、おしなべてその効果はあるとの返答が得られた。

　なお、南ミンダナオ地域は過去 10 年間にかなり高い経済成長を示している。ただし、本事業の支援対象とその効果はかなり特定された地域住民を想定しており、地域全体の経済振興へのインパクトについては検証困難である。より広いこの地域全体の住民の生活向上は、本事業とは別に、ミンダナオ和平にともなう交易の拡大、中国等アジア経済全体の発展にともなう輸出の拡大などの、内外の経済社会要因の改善にともなう地域経済全体の成長によってもたらされている面があると考えられる。


### （3）総合的環境保全対策のモデル事業としての意義

　一方、本事業の中長期的なインパクトとしては、計画時には、「フィリピンの他地域において総合的環境保全対策を推進するためのモデル事業となること」が想定されていた。すなわち、本事業は、環境・天然資源省と地方自治体、NGO、地元住民組織の連携による運営維持管理による包括的な環境保全・生計向上支援のパイロット事業であった。

　本事業の終了後、環境・天然資源省からの説明によれば、フィリピンの他の 3 地域（マグナット・カガヤン川流域、パンパンガ川流域、ジャラウール川流域）において、同省により、包括的な参加型運営管理手法を取り入れた森林管理事業の実施が検討されていた。これは、住民組織の組織化、アグロフォレストリ支援、水域管理評議会の設置などの要素をとりいれながら、本事業とは別の三つの地域において森林保全を持続的に行うとするも

のである。これは、本事業の森林保全のための植林・アグロフォレストリ事業と類似したものであり、本事業の経験をふまえたものといえよう。

　これに加え、本事業の持続性向上のためのさまざまな制度づくりが図られている。たとえば、マララグ湾・バラシオ流域およびサランガニ湾・マトゥトゥム山流域のいずれにおいても、水域管理評議会が組織され、環境天然資源保護に関する基本的政策を方向づけている。さらに、後者の地域では流域保護地域管理理事会が組織されている。ただし、これら組織の権限や役割分担は複雑であり、機能の重複もみられる。さまざまな主体の参加と議論の透明性は進み、具体的な事業の管理運営はより地域に密着した体制によって行われているが、効率的な政策決定システムとなっていない面もあると考えられる。

## （4）自然環境へのインパクト

　本事業は森林や沿岸地帯を含めた河川流域全体にわたって自然環境の保全・回復を目的とする包括的な環境保全事業であり、自然環境へのポジティブな効果が想定されていた。

　植林・アグロフォレストリの契約POへの受益者調査・ヒアリングでは、具体的な数値での検証は困難であるが、「緑が増えた」「山の地滑りが減った」「マングローブによって波や風から守られた」などの回答が得られた。

　植林対象地域の環境保全意識の向上がどの程度あったかを判断するのも容易ではないが、植林・アグロフォレストリ支援対象POに対する受益者調査の結果では、植林契約POの85世帯のうち76世帯（89％）が「環境保全意識が高まった」と回答している。

　このように、本事業は環境保全を目標とした事業であり、いくつかの要素については検証が困難なものもあるが、おおむね想定されたインパクトを生じていると考えられる。

## （5）ミンダナオ地域の和平の促進

　なお、本事業はミンダナオ地域の和平の促進に資することを明示的な事業の目標としては掲げていないが、そうしたインパクトをもつことが期待

されてもいた。その観点から本事業はどのように評価できるのであろうか。

　本事業の森林管理を担う 60 の PO の多くはキリスト教住民から組織される PO であるが、イスラム教住民から組織される PO も、特に南部においていくつかある。また、PO の中にはキリスト教徒とイスラム教徒が混在する PO もある。本事業のアグロフォレストリや LAP を通じて、これらの PO が強化（エンパワーメント）され生計が向上し、それがこの地域の異なる宗教の人々の共存と地域の安定につながる効果は、検証は困難であるが、存在するのではないかと推測される。

　調査期間において、サランガニ湾の南部のマーシム（Masim）という村（バランガイ）では、町長の政治に反感をもつ勢力とおぼしき人々による町役場の集会場の放火があったとされるが、そうした出来事は政治権力をめぐる争いが表面に出たものと推測される。本事業のような PO の強化を通じた地域の安定化への貢献は、もともと存在する地方政治家同士の権力争いを直接やわらげたり防いだりするものではかならずしもない。しかし、村の住民や地域の PO が互いに協力して生活向上に取り組む枠組みを強化し、少しでも生活の向上につなげていく努力は、間接的には、この地域の安定につながるのではないだろうか。

　本事業の 60 の PO に対する支援を現場で支えたのは、南ミンダナオで本事業のとりまとめにあたった環境・天然資源省の現地スタッフと彼らに雇用された NGO スタッフであるが、LAP に関してスタッフの一人が言っていた次のような言葉がある。

　「Only 50,000 Peso makes difference.（たった 5 万ペソが違いを生む）」

　LAP は一つの村に対して日本円で 10 万円程度を供与するものでしかないが、そのお金を「種」として村の住民が協力しあい、周辺の PO と成果と経験を共有することは、長い目でみれば大きなプラスの変化を生むことが期待されるように思われた。

## ◆コラム◆ フィリピンにおける住民組織の活動

　フィリピンの農漁村の住民自治組織を理解するには「バランガイ

（Barangay）」の仕組みと機能を理解することが必要である。バランガイとは市・町よりも小さい最小単位の自治体であり、農村では一つの集落であることもある（本章では便宜上「村」と訳している）。バランガイでは住民組織をつくり生活向上の取り組みをしている例も多い。本事業のLAPもそうしたコミュニティ・ベースの取り組みを後押しする事業であった。対象地域には、キリスト教徒の村とイスラム教徒の村があるが、その取り組みは村ごとに異なり、その相違は宗教による違いよりも村のリーダーシップのあり方に

キリスト教住民POの女性村長

イスラム教住民POの村長

左右されるようである。右の写真はいずれも植林・森林保全活動を行いLAPを受けた村のリーダー達であり、LAPはいずれの村でも給水施設（井戸と各戸への水道管設置）に使われた。上段の写真の村では、女性村長のもと女性グループが、組合の活動として、バナナやイモの乾燥チップの製造・販売に熱心に取り組んでいた（組合ロゴを入れた同じ青いTシャツを着ている）。下段の写真は、イスラム教徒の村の長く村長を務めているリーダーである。バランガイの長は3年に一度の選挙で選ばれ、その意味で自治が定着しているが、村が関わる事業の利権ともからむため、汚職の温床となっているとの指摘もある。

注
1　ミンダナオ紛争に関しては、たとえば以下の文献を参照。NOREF（Norwegian
　Peace-building Resource Center）（2015），*The peace process in Mindanao, the*
　*Philippines: evolution and lessons learned*, 等。
2　World Bank, *Evaluating Social Funds*, 2004.『開発と平和』第 8 章 181-182 頁に記載。
3　JICA の HP より。
4　本事業の事後評価にあたっては、以下のとおり調査を実施した。調査期間：2010
　年 5 月〜 2011 年 2 月。現地調査：2010 年 8 月 2 日 -8 月 18 日、2010 年 11 月 17 日
　-11 月 26 日。
5　借款契約条件は、本体（植林・し尿処理施設・環境保全センター）については、金
　利 0.75％、返済 40 年（うち据置 10 年）、部分アンタイド（調達を現地企業ないし日
　本企業との合弁企業に限定するもの）。上記を除く本体部分は、金利 1.7％、返済 30
　年（うち据置 10 年）、一般アンタイド（調達を国内外のすべての企業に開放するもの）
　であった。
6　STP と STF は、いずれもし尿を自然浄化する形式（微生物により下水を浄化、安
　定化池方式と称する）を有する施設であるが、STP は、その施設周辺に下水管（下
　水収集管および下水本管）および複数のポンプ場を併設しており規模が大きい。STF
　にはこうした下水管やポンプ場はない。
7　JICA（三菱総合研究所・受託）『平成 21 年度円借款事業事後評価報告書（フィリ
　ピン II）』2011 年 2 月（南ミンダナオ沿岸地域環境保全事業）。
8　LAP の対象 PO の選定に際しては、植林・アグロフォレストリの契約 PO のうち、
　要請があり手続きが早かったものから同事業の対象となったとされる。

［参考文献］
NOREF（Norwegian Peace-building Resource Center）（2015），*The peace process in*
　*Mindanao, the Philippines: evolution and lessons learned*, December.

稲田十一編『開発と平和――脆弱国家支援論』有斐閣、2009 年
岡本真理子・吉田秀美・栗野晴子『マイクロファイナンス読本――途上国の貧困緩和と
　小規模金融』明石書店、1999 年
国際協力機構（三菱総合研究所・受託）『平成 21 年度円借款事業事後評価報告書（フィ
　リピン II）』2011 年 2 月（南ミンダナオ沿岸地域環境保全事業）
後藤美樹「フィリピンの住民自治組織・バランガイの機能と地域社会」『国際開発研究フォ
　ーラム』25、2004 年 2 月

# 第5章
# パキスタンの全国排水路整備と農民組織化

## はじめに

　本章では、パキスタンのパンジャブ州を中心に旧JBIC（国際協力銀行）が支援した、「全国排水路整備計画（National Drainage Program）」にともなって筆者が実施した、農民組織に対するアンケート・インタビュー調査をとりあげる[1]。

　この事業評価とそのために実施したパンジャブ州の農村でのヒアリング調査は、筆者にとってもきわめて新鮮で、多くのことを学ぶことができた。日本ではあまり知られていないかもしれないが、日本政府はパキスタンのパンジャブ州で、以前から多くの支援をしている。特に農業や灌漑分野では継続的な支援をしてきた。それらの事業に付随してさまざまな農村調査もなされてきたが、そうした付随的な社会調査の成果はかならずしも一般に知られるものとはなっていない。公開されている上記事業に関する評価報告書にすでに掲載されていることも少なからずあるが、本章では、パキスタンの農村で実施した社会調査をもとに、パキスタンの農村の経済社会状況の一端を紹介することにしたい。

　パキスタンのパンジャブ州は昔から農業がさかんな地域であるが、こうしたパキスタンの農村の社会的な状況について書かれた学問的な業績や調査研究は、日本で見つけることはなかなか難しい。パキスタンの今日の政治や経済について書かれたものは少なくないが、英文の書物でもパンジャブ州の農村の社会状況について書かれたものは多くはない。筆者がたまたま世界銀行に調査に行った際にみつけた、エドガー（Zakiye Eglar）によって書かれた『*A Punjab Village in Pakistan*』（2010）は、数少ない業績で

あろう。これは、1960年に書かれた論文を整理して再出版されたもので
あるが、英国植民地時代から1950年代までのパンジャブ州の農村の社会
のあり方がよくわかる。もっとも、そこで記載されている農村の状況と写
真は、筆者が現地調査を実施した2013年と、それほど大きくは変わって
いない印象も受けた。

　上記の支援事業とそれにともなって実施した、受益地域の農村での調査
を紹介するにあたって、まず、背景としてのパキスタンの政治社会状況を
紹介しておくことにしたい。

## 第1節　パキスタン情勢と全国排水路整備計画

### （1）パキスタンの政治社会情勢

　パキスタンは、1947年8月に英領インドから分離して独立した。英領
インドは、ヒンドゥー教徒が多数を占めるインドとイスラム教徒が多数を
占めるパキスタンとに分離したが、インドを挟んで東部と西部に分かれた
二つの地域から構成される国となった。その後1971年3月に、東部はバ
ングラデシュとしてあらためて分離独立した。

　パキスタンは、総面積が約80万平方キロ、人口が約1億8,500万人（2015
年）の地域大国である。その中で、本事業が実施されたパンジャブ州は、
パキスタンの総面積の約4分の1にすぎないが、人口は1億人を超える最
大の州である。これはこの地域がインダス川流域の比較的水の豊富な平坦
な地域で、農業に適したパキスタンの穀倉地域であることによる。小麦・
綿花・米・サトウキビのほか、マンゴー・柑橘類などの果樹栽培もさかん
である。

　その一方、パキスタンは、1947年の独立以来、民政と軍政が繰り返し
交代してきた。本事業が開始された1990年代後半以降に限ってみても、
1988年8月から1999年10月までは民政であったが（ベーナズィール・ブッ
トー、ナワーズ・シャリーフ各首相）、1999年10月から2002年11月まで
は軍政（1998年1月から2001年6月までムハンマド・ラフィーク・タラール
大統領）、2002年11月から2007年11月までは軍部が総選挙を実施して

文民内閣を設置した準軍政であった（ジャマーリー、フサイン、アズィーズ各首相、2001年6月から2008年8月までパルヴェーズ・ムシャッラフ大統領）。2007年11月以降は再度、民政に復帰している（スームロー、ギーラーニー、アシュラフ、コーソー、シャリーフ、アバシ各首相）。

　近年は、隣国アフガニスタンの不安定な状況と、イスラム過激派のテロ活動の活発化などにより、治安状況はかならずしも良いとはいえない。本事業にともなって実施した現地調査や農村でのインタビュー調査に際しては、パンジャブ州の各地域の警察とも連絡をとり、武装警察のエスコートを受けながらの実施であった。


## （2）国際社会と日本のパキスタン支援

　2001年9・11同時多発テロとその直後の米国によるアフガニスタン攻撃とタリバン政権の崩壊を受けて、2002年以降、国際社会のアフガニスタン支援が急増するのと並行して、アフガニスタンの安定と復興にとってパキスタンの重要性が増したことから、国際社会の対パキスタン支援も増加した。

　特に2003年の日本の対パキスタン支援は急増している。これは、1997年のインドとパキスタンの核実験により、日本の円借款の大半が凍結され、それが2001年の9・11同時多発テロ以降、アフガニスタンを安定化させる国際社会の取り組みの重要性に鑑み、パキスタン支援が本格的に再開されたことが影響している。

　その後、2004年から2013年までの10年間をみると、パキスタンへの主要援助供与国は、パキスタンを地政学的に重視する米国が最大支援国であり、旧宗主国でパキスタンと歴史的に深い関係をもつ英国がそれに次ぐ。特に、米国はパキスタンにとって最も重要な援助国であり、2002年以降、テロとの戦いのためとして継続的に最も多くの資金援助を行ってきた。英国は米国に次ぎパキスタンの2国間支援のパートナーとして重要な役割を果たしている。日本はそれに次ぐ支援国である。近年は中国の援助が急増しているとされるが、ＯＤＡ統計が公表されていないため、その正確な援助額は不明である。

また、国際機関も対パキスタン支援を積極的に実施しており、世界銀行（以下「世銀」）、アジア開発銀行（以下 ADB）、欧州連合（EU）などが多額の支援を供与してきた。特に世銀の支援金額は大きく、パキスタンの経済政策や改革を支援する政策支援借款（以前は構造調整融資と呼ばれていた）は大きな意味をもっており、世銀は ADB や日本の円借款供与と協調融資を行うことが多く、対パキスタン支援の国際的な枠組みを形成する上で大きな役割を担ってきた。

　日本は、2012 年 4 月に決定した対パキスタン国別援助方針において、「民間主導型の経済成長を通じての安定した持続的な社会の構築」を基本方針（大目標）としている。また、国別援助方針に記されている日本の対パキスタン援助の重点分野（中目標）は、①経済基盤の改善、②人間の安全保障の確保と社会基盤の改善、③国境地域などの安定・バランスのとれた発展、の 3 分野となっている。本事業は、①の中の農業分野や生産性向上、②の中の水・衛生状況の改善や自然災害に対する防災能力の向上、などにかかわる事業であるといえる。

## （3）全国排水路整備計画の背景

　パキスタンの農業、特にその中心的な役割を担うインダス川流域灌漑システムの持続的発展にとって最大の脅威となっているのが、深刻な塩害・浸水害の進行であった。被害を受けた耕作地を健全な状態に回復させ、新たな塩害・浸水害を未然に防止するためには、効果的な排水システムの構築が不可欠であった。

　しかしながら、既存のシステムでは農村での水利費の徴収率が低く、水路の効率的な維持管理がなされていないため機能していない施設が多く、中には事実上放棄されてしまった施設もあった。施設の老朽化は塩害・浸水害の進行に拍車をかけ、農業生産の減少、耕作地の縮小を引き起こすことが懸念されていた。このため、効果的な料金徴収方法を含めた灌漑・排水の維持管理システムの抜本的見直しが急務とされていた。

　こうした状況を受け、パキスタン政府は 1993 年に、本事業を含む長期的計画である「全国排水計画（National Drainage Program、以下 NDP）」を

策定した。同計画は、2018年までにインダス川流域の灌漑・排水施設を改善し、効果的な排水の維持管理システムを構築するというものであった。一方、同計画を推進するためには、まず灌漑・排水セクター全体の組織制度改革を実行することが不可欠であるとの認識の下、1994年にパキスタン政府は世銀のアドバイスを受け、「パキスタン灌漑・排水戦略」を作成し、灌漑・排水維持管理組織の分権化、独立採算化を中心とする新たな維持管理体制の確立を目指すこととなった。

上記のNDP（1993-2018年）を受け、パキスタン政府の「第八次五カ年計画（1994-98年）」では、農業セクターを経済開発と成長の主力と位置づけ、農業、灌漑・排水の総合的管理、効率的土地管理、効率的水管理に重点を置いていた。同計画では地表水供給量の増加、最新技術の導入による維持管理の改善、塩害・浸水害の防御を通じて、作物生産を増加させることにより経済成長を達成するとともに、農民の組織化による効率的な水利用、農業生産の向上、貧困削減を目指した。

他方、2000-04年に旱魃被害が深刻化し、同国の農業生産に多大な影響をもたらしたことから、排水面よりも灌漑面がより重要な課題となった。パキスタン政府は、排水・灌漑のいずれも水路の改善と効率的な水管理が必要であるため、水源確保、灌漑用水に重点化した政策を打ち出した[2]。日本の円借款事業についても上記の灌漑・排水政策の環境変化に対応して、排水中心から灌漑中心に変更された。本事業は、「排水」から「灌漑」への重点の移行という統合的水管理セクターにおける政策の環境変化があったものの、そうした変化への対応も含めてパキスタンの開発政策に沿ったものであった。

## （4）日本の支援の概要

灌漑・排水施設は農業を経済基盤とするパキスタンにとって重要な基幹インフラである。この事業は、インダス川流域の灌漑および排水施設を改善し、またその維持管理体制を改革することにより、塩害・浸水害を軽減し、環境に適合した灌漑農業を回復し、もって同地域の貧困緩和に寄与することを目指したものである[3]。

本事業は、世銀、ADB、JBIC の協調融資事業であるが、政策・制度面ではドナー間で協調しつつ、特に水路のリハビリ・改善に対する投資コンポーネントについては、以下のような地理的分担がなされた。

　世銀：灌漑・排水路施設改善（シンド州、パンジャブ州一部）

　ADB：灌漑・排水路施設改善（北西辺境州、バロチスタン州）

　　　　基幹排水路建設（インダス川右岸および左岸）

　JBIC：灌漑・排水路施設改善（パンジャブ州）

　　　　基幹排水路建設（インダス川右岸）

　世銀・ADB・JBIC およびパキスタン政府のそれぞれの事業費実績は、2006 年 12 月末時点で以下の表 1 のとおりであった（右端は対計画比の実行率）。その総事業費は 7 億 8,500 万ドル（外貨 5 億 3,100 万ドル、内貨 2 億 5400 万ドル）に対し、実際の事業費は 3 億 1000 万ドル（外貨 2 億 300 万ドル、内貨 1 億 700 万ドル）で、当初計画の 39.6% である。これらの数値からもわかるように、本事業の実施は、当初予定の 2002 年までは大幅に遅れ、2004 年以降に急速に進んだが、それでも実行率はかなり低い。結果として、事業費については計画内に収まったものの、その一方で、事業期間が計画を大幅に上回った。

表 1　世銀・ADB・JBIC・パキスタン政府の事業費(計画・実績)

|  | 計画 | 実績 | 実行率（%） |
|---|---|---|---|
| JBIC | 106.5 | 51.3 | 48.2 |
| 世銀 | 284.9 | 126.6 | 44.4 |
| ADB | 140 | 25.3 | 18.1 |
| パキスタン政府 | 253.6 | 107.4 | 42.4 |
| 合計 | 785 | 310.6 | 39.6 |

（注）プロジェクト資料より筆者作成。単位：百万米ドル。為替レートは以下のとおり。

　計画：1 米ドル = 33.69 ルピー =101.73 円（1 ルピー =3.02 円）、1995 年 12 月時点。
　実績：1 米ドル =60.49 ルピー =121.59 円（1 ルピー =2.01 円）、2007 年 12 月時点。

　また、本事業は、当初の計画では次のような四つのコンポーネントからなっていた。

　①コンポーネント 1 −パンジャブ州における圃場外灌漑・排水施設の改善

　②コンポーネント 2 −パンジャブ州における圃場内灌漑・排水施設の改善

③コンポーネント３－インダス川右岸基幹排水路の建設

④コンポーネント４－研修

しかし、この当初計画は大きな変更を余儀なくされた。こうした事業の遅延と大幅な事業計画の変更の理由は、一言でいえば、パキスタンの政治社会的なさまざまな制約要因に起因する。変更に至る経緯は次のようなものである。

①1997年の事業開始以降、整備対象となる水路などの選定に際して、対象地域間の利害調整等に時間がかかり、また時間の経過とともに工事入札価格も変動し、入札手続きが本格的に開始されたのは2004年以降であった（特にコンポーネント１・２に影響）。

②上記①が遅延したこともあり、並行して進められる予定であった水路の維持管理体制の改革、すなわち農民組織（FO）を主体とする参加型灌漑管理体制の進捗も遅れ、FOが本格的に組織化されたのは2005年以降であった（特にコンポーネント４に影響）。

③シンド州はインダス川右岸基幹排水路の改善計画そのものに合意せず、この部分はすべてキャンセルされた（後述するように世銀部分もすべてキャンセル）。

その結果、JBICの円借款支援部分については、以下のような見直し（支援コンポーネントと支援対象事業の絞り込み）が行われた。

①コンポーネント１および２の優先順位を支援対象地域の水路の改修とする。

②コンポーネント１および２の支援対象地域を（後述する155頁の図１の）A地区（PART-A）に絞る。

③B・C地区の事業に替えて、当初のNDPの計画になかった、パンジャブ州の圃場内の支線水路および末端水路の改善も含める。

すなわち、日本の支援部分については、四つのコンポーネントのうちコンポーネント３はとりやめ、コンポーネント１と２についても支援内容をみなおした。それにもかかわらず、コンポーネント２および４については計画を大きく下回った。最終的な実績は、計画に対し57.6％（62億3,800万円/108億3,200万円）となった。

水路分岐部の新規工事

水路の近所の子供たち

事業期間に関しても、当初予定は 1997 年 3 月から 2001 年 8 月までの 54 カ月を予定していたが、実際には、1997 年 4 月から 2006 年 12 月までの 117 カ月（計画比 217％）を要した（5 年 4 カ月の遅延）。したがって、事業期間は計画を大幅に上回った。

このように、本事業は 1997 年の開始から 2002 年頃まで、事業の進捗が著しく遅れた。事業開始当初はパキスタンの灌漑・排水分野の組織体制の改革期にあり、実質的な実施機関（本事業ではパンジャブ州灌漑電力省灌漑局〈PID〉／灌漑・排水公社〈PIDA〉）が計画に加わっていなかったり、事業のカウンターパートとなる PIDA が設立されたばかりで組織能力に課題があるなど、さまざまな制約要因が計画の効果的な実施を困難にしたとされる。

## （5）世界銀行のシンド州での事業における問題

本事業（NDP）の全体計画は、そもそもは世銀が主導して形成してきたものである。世銀はパキスタン政府の要請に応える形で NDP の計画づくりを支援し、また州政府主体から農民組織主体の参加型灌漑管理（PIM）体制への改革を後押ししてきた。NDP で計画された灌漑・排水路施設の改善については、膨大な資金を要するため、世銀だけでなく ADB や日本（当時の JBIC）にも声をかけ、協調融資の形をとり、灌漑・排水路施設の改善について、世銀はシンド州とパンジャブ州一部を担当することとした。

ところが、世銀のシンド州でのNDP事業については、次のような経緯で事実上頓挫した。すなわち、2004年9月、シンド州の現地NGO・住民は、「NDPの下でインダス川左岸の排水路を上流部に延長することによって川の流量が増加し、洪水被害がさらに悪化する恐れがあり、NDP融資に際する世銀の環境社会配慮が不適切である」として、事業の見直しを求めて、世銀のインスペクション・パネルへ提訴したのである。インスペクション・パネルとは、プロジェクトにより被害を被った私人からの申し立てを受け付け、世銀が策定したルールがプロジェクトにおいて遵守されているか否かを審査する世銀の独立審査制度である[4]。

　そして、2004年11月にパネル調査が開始され、その審査レポートは2006年10月31日に世銀理事会で議論された。インスペクション・パネルで指摘された問題はいくつかあり、次のような諸点が指摘された。①本事業は住民の移転をともない少なくない数の住民が移転に反対している。②環境への負荷があり塩害発生の恐れがある。③環境が保全された湿地帯へのダメージの恐れがある。④もともと居住していた先住民の権利の問題。⑤歴史遺産・文化遺産の喪失の恐れ。⑥地元コミュニティへの情報開示と参加の手続き上の問題、などである。インスペクション・パネルは、こうした社会面、文化面、環境面の独立したアセスメントを実施し、これらの問題が解決されるまで、事業を中断することを提案した[5]。

　その後、いろいろな経緯を経て、結局、最終的にシンド州の世銀部分の事業はキャンセルされた。要するに、世銀は、シンド州の事業計画作成にあたって、十分な調査とアセスメントが不足し、地元住民への対応も不十分であったということである。

　NDP事業を主導した世銀ですらこのような問題に直面した中で、日本（当時のJBIC）の担当部分の事業の進捗も大幅な遅れを余儀なくされたことは想像にかたくない。こうしたさまざまな制約と困難の中で事業を進めざるをえなかったわけであるが、当時のJBICとしてはできる範囲で最大限の努力をしたことは評価されるべきであろう。

# 第2節　農民組織改革の概要と本事業の効果・インパクト

## （1）水利管理組織としての農民組織の重要性

　本事業の実施機関（支援のカウンターパート）は水利電力開発公社（Water and Power Development Agency：WAPDA）であるが、WAPDA は NDP を含む全体計画と各州にまたがる課題について責任を負う調整機関である。各州（本件ではパンジャブ州）の水利・灌漑政策・事業は各州に委ねられており、事業の運営・維持管理については各州の灌漑電力省灌漑局（Punjab Irrigation Department：PID）と灌漑・排水公社（Punjab Irrigation and Drainage Agency：PIDA）、地域水利局（Area Water Board：AWB）、および農民組織（farmers organization：FO）が責任を担うこととなっていた。複数の州にまたがるコンポーネント4（研修）を除いて、灌漑・排水路施設の改善を行うコンポーネント1および2については、パンジャブ州の PID/PIDA が実質的な実施機関であり、事業の実施、モニタリング・評価、運営・維持管理を担っている。

　WAPDA は1万人前後の人員を抱える大きな組織であるが、その事業の中核は水力発電にあり、水利部門は比較的小さい。そもそもこうした調整機関が支援の正式なカウンターパートとなり、実質的な事業実施にかかわるのは、それとは別の各州の現場を担う組織であるという、ある種の二重構造が、本事業の当初の大幅な遅れの大きな要因ともいえる。

　一方、PIDA は1997年にパンジャブ州灌漑局（PID）の組織改革の一環として設立された新たな組織であった。設立以降、その存在はパンジャブ州政府のプロジェクト予算によって維持されており、職員も大半は契約職員であったが、本事業の実施期間においてはまだ十分なスタッフを配置するにいたっておらず、そのことも大きな制約要因となった。しかし、その存在意義が州政府によって認められ、2013/2014年度から恒久的な組織に移行することがようやく決まった。

　他方、2005年以降、2次水路の維持管理組織として地域水利局（AWB）が、また、3次水路の維持管理組織として農民組織（FO）が、更に、末端

水路の維持管理組織として水利組合（Khal Panchayats）がそれぞれ設立され、水路の維持管理はこうした参加型の枠組みによって運営されることになった。水利組合は WAPDA や PIDA ではなく農業省（水管理局）のもとで参加型整備のモデルとして導入が進められている。FO と水利組合は実態としてはメンバーが重複する部分もあるが、組織は監督官庁が異なるため別である。こうした複雑な組織間の役割分担と重複も、参加型灌漑管理（PIM）に向けた組織改革がなかなか順調には進まない大きな要因の一つであったといえよう。

　灌漑施設の維持管理について、州の灌漑局（PID）、灌漑・排水公社（PIDA）と FO の役割分担は以下のような状況である。

　PID は歴史的に水路の維持管理を担ってきており、そのための技術的なスタッフもおり、維持管理の経験も豊富である。PIDA は 1997 年に設立され、PID の水路の維持管理スタッフの多くも PIDA に移籍することが計画され、2002 年頃からそうした移籍が徐々に進み、実質的に灌漑・排水路の運営維持管理の中核を担うようになっている。技術を必要とする水路の維持管理は、引き続き PIDA の技術者によって行われており、彼らの技術能力はこれまでどおり比較的高い。パキスタン政府は FO を主体とした参加型灌漑管理をめざしているが、FO だけで水路の管理を行うのには限界があり、引き続き技術面で PIDA の果たす役割は大きい。

　水利費の徴収や水路の維持管理補修は PID/PIDA が当初実施していたが、方向性としては FO に移管していくプロセスが進行している。そのプロセスにはいくつかの段階があり、2004-2007 年には、PIDA の指導のもと、試験的段階として新たに設立した FO に維持管理を委ねた。2007-2010 年は、その中の比較的優秀な FO には引続き PIDA の指導下で自主性を高めるよう促し、そうでない FO については再度 PIDA の強い介入のもとで維持管理を行った。2010 年以降は、優秀な FO ではさらに自主的な維持管理体制に移行し、そうでない FO では引き続き PIDA の強い介入のもとでFO の維持管理体制づくりの支援が行われてきた。

　一方、AWB は FO による参加型灌漑管理体制を支援する組織として、2005 年に設立され、2007 年から機能し始めた。実際、日本の円借款部分

1次水路のリハビリ　　　　　　　ライニングされた２次（支線）水路

３次（末端）水路　　　水路の末端部分　　　未整備の２次水路の例

　の支援対象地域では二つの AWB がある。AWB の議長は FO 代表、副議長は FO メンバーと PIDA からのメンバーの双方から構成されている。他方、AWB のスタッフについては、PIDA から移動してくることになっていた人員が十分には確保されず、その役割を十分には果たしていない状況であった（2013 年時点）。

　結局、１次水路および２次水路については、これまでと同様、今後も PID/PIDA が維持管理に責任をもつ体制が継続され、３次水路および４次水路については、FO による参加型維持管理体制の構築を目指している。しかし、こうした制度改革の取り組みに批判的な議論や具体的な問題点もあった。

　具体的課題の最大のものは、水路の運営維持管理に必要な技術的能力である。FO にそうした技術的能力と人材はなく、結局、そうした能力をもっているのは依然として PIDA あるいは AWB の技師だけである。PIDA には水利土木関係の技師が AWB のカバーする範囲ごとに 4-5 人配置されて

おり、その指導のもとにFOや労働者が維持・修理・管理を担う構造になっていた。計画ではAWBに技師が配置されることになっていたが、いまだPIDAからAWBへの人材の移動は実現されておらず、PIDAなしでは実質的に運営維持管理ができない。また、農民組織への研修も行われているが、それは技術的な面ではなく日常の維持管理の心得（雑草をとる、泥を掻き出すなど）程度のものである[7]。

　農民組織主体の新しい参加型灌漑管理体制のもとでこうしたPIDAやAWBの技師や技術スタッフをどのように活用していくのか、その費用をどのように分担するのかが、依然として不透明な点が大きな課題である。

### （2）受益面積、受益者数、農民組織数

　先述のように、JBICは2003年1月に、開発ニーズの変化に対応して支援内容を変え、本事業のコンポーネント1～2（水路改善事業）の支援対象地域をA地区（図1のPART-A）にしぼり、2006年末までに完成しうるサブ・プロジェクトに限定した。同地域で、圃場外の1次水路及び2次（支線）水路に加えて、当初計画になかった圃場内の2次（支線）水路お

図1　JBIC事業の支援対象地域

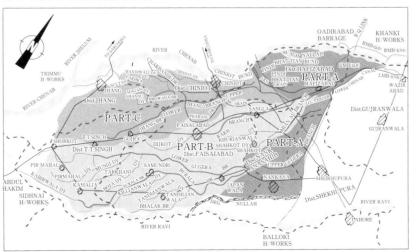

（注）パンジャブ州灌漑・排水公社（PIDA）提供資料にもとづき作成。

表2　受益面積や受益者数の推計（A地区）

| 地区 | 末端水路の数 | 水路受益地域総面積（エーカー） | 内、耕作可能面積（エーカー） | 受益者数 | 農民組織の数 |
|---|---|---|---|---|---|
| カンキ | 619 | 272,159 | 213,737 | 26,416 | 12 |
| 上部ググラ | 1,166 | 681,357 | 550,350 | 85,312 | 22 |
| 合計 | 1,785 | 953,516 | 764,087 | 111,728 | 34 |

（注）地域水利局（AWB）提供資料による。なお、本事業の受益面積は、この統計によれば、95.3万エーカーであるが、この表の受益面積・受益者数は、円借款支援部分の受益地域のみならず、水路改善の影響がおよぶ地域として計算されている。

よび3次（末端）水路のサブ・プロジェクトを含めることとした。なお、B・C地区（図1のPART-B,C）は当初計画では支援対象地域に含まれていたが、2003年の事業見直しにより後続案件の支援対象地域となった。[8]

　また、A地区における受益面積、受益者数、農民組織数を示したものが、表2である。農民組織は2005年以降、A地区で34カ所設立された。[9]

### （3）水利費徴収率

　2005年までFOは組織化されておらず、水利費はパンジャブ州灌漑局（PID）が徴収し、その資金を維持管理の予算として使っていた。2005年

表3　農民組織の組織化後の水利費徴収率の推移（対象：84農民組織）

| 時期 | 耕作可能面積（エーカー） | 純見積徴収額（百万ルピー） | 水利費徴収額（百万ルピー） | 水利費徴収率（%） |
|---|---|---|---|---|
| 乾季 2004–05年 | 1,173,336 | 48.41 | 42.38 | 87.55 |
| 雨季 2005年 | 1,709,482 | 118.94 | 93.14 | 78.31 |
| 乾季 2005–06年 | 1,582,537 | 64.57 | 48.65 | 75.35 |
| 雨季 2006年 | 1,709,482 | 117.90 | 80.10 | 67.93 |
| 乾季 2006–07年 | 1,581,787 | 65.22 | 51.77 | 79.37 |
| 雨季 2007年 | 1,704,522 | 114.64 | 73.17 | 63.83 |
| 乾季 2007–08年 | 1,573,359 | 61.71 | 37.21 | 60.30 |
| 雨季 2008年 | 1,699,204 | 114.16 | 68.85 | 60.31 |
| 乾季 2008–09年 | 1,572,498 | 59.33 | 36.72 | 61.88 |
| 雨季 2009年 | 1,699,204 | 108.08 | 55.01 | 50.90 |
| 乾季 2009–10年 | 1,572,498 | 58.90 | 31.05 | 52.72 |
| 雨季 2010年 | 1,699,228 | 107.58 | 78.00 | 72.51 |
| 乾季 2010–11年 | 1,645,212 | 63.05 | 49.39 | 78.34 |
| 雨季 2011年 | 1,771,918 | 117.25 | 86.27 | 73.57 |
| 乾季 2011–12年 | 1,645,212 | 73.76 | 46.50 | 64.04 |
| 雨季　2012年 | 1,771,918 | 132.76 | 61.54 | 46.38 |

（注）AWB提供資料による。雨季（Kharif）は5〜9月、乾季（Rabi）は10〜翌4月。

以降、参加型灌漑管理（PIM）方式を導入し、農民団体を組織化し、水利費の徴収と水路の維持管理の役割もFOに移管していく取り組みを進めてきた。本事業のもともとの支援対象地域（A、B、C地区全体）のFOによる水利費の徴収率の推移は表3のとおりである。

2005年以降の時期は、大きく次の三つの時期に分けられる。[10]

（ア）2005-2007年（パイロット期）：FOを組織化しパンジャブ州灌漑・排水公社（PIDA）の全面支援のもとで運営管理に取り組んだ時期。

（イ）2008-2010年（移行期）：FOの組織化と能力をみながらPIDA主導で管理をした時期。

（ウ）2010年以降（本格的導入期）：FOの自主性にゆだねながら運営維持管理を任せつつある段階。

2004年までの水利費の徴収率は35-45％といわれており、その比率と比較すると、2005年以降のFOを主体とする参加型灌漑管理（PIM）のもとで水利費徴収率が大幅に向上したことが示されている。しかし、2005-2007年のパイロット期の徴収率が時期によっては80％近くと比較的高いのに対し、その後の移行期を経て、2009年には一時50％近くまで落ち込んだ。2010年からの本格的導入期に入り、水利費徴収率は再び80％近くまで改善したものの、2011-12年は、低下傾向にある。

2010年以降に徴収率が改善したことについては、①FOの自主的運営開始当初は水利費徴収が熱心に行われたこと、②後続の円借款事業「チェナブ川下流灌漑用水路改修事業」による3次水路の改修工事の完工が進み、水路の状態が改善した地域が増えたこと、等が影響しているとされる。他方、近年、水利費徴収率が落ち込んだことについては、水利費未払いに対する強制力がFOにないことが明らかになるにつれて未払い農家が増加したことが原因とされる。

他方、PIDAが調査を行った組織化された85のFOのうち84のFO別水利費徴収率のパフォーマンス評価をみると、全体的傾向として、A地区では、多くのFOが「不可」であるのに対し、B・C地区では「優」「良」であることがわかっている。[11]この原因はいくつか指摘されているが、A地区が水路の上流にあたり、比較的水供給に恵まれた地域であること、水利

費を払おうとしない大土地所有の農民世帯が少なくないという現実が報告
されている。

　全体を総括すると、本事業により PIDA や FO といった新組織の設立を
ともなう維持管理体制の改革が行われ、パンジャブ州全体において参加型
灌漑管理（PIM）方式にもとづく維持管理体制が導入され、FO への段階
的権限委譲の進展、中核となる PIDA の恒久的な組織への移行などの改
革の進展がみられる。結果として、本事業の対象地域を含む A・B・C 地
区において FO による水利費徴収がはじまり、水利費徴収率がいったん低
下したものの、その後改善傾向がみられる。


## （4）農民組織のパフォーマンスの改善

　FO の組織化自体は進展しているが、その活動のパフォーマンス（水利
費徴収だけでなく、紛争解決、末端への水供給、水窃盗対策、水路の維持管理
等を含めた総合的パフォーマンス）はまちまちである。そのパフォーマンス
の評価調査は 2008 年に JICA および PIDA の双方によりそれぞれ実施さ
れた。

　表 4 は、組織化された 84 の FO のパフォーマンスを「優」「良」「可」「不

表 4　農民組織のパフォーマンス評価（左が PIDA 内部評価、右が JICA 調査）
単位：農民組織（FO）数（カッコ内は対象 FO に占める割合）

| パフォーマンス | 内部評価：（PIDA 評価） | | | 外部評価（JICA 調査、第三者評価） | |
| --- | --- | --- | --- | --- | --- |
| | PIDA 評価（2006 年）対象：84 FOs | PIDA 評価（2007 年）対象：84 FOs | PIDA 評価 3 年間（2005 (-08 年)）対象：84 FOs | JICA 調査（2007 年 3 月）対象：84 FOs | 第三者事例評価（2008 年 5 月）対象：10 FOs |
| 優 | 13（16%） | 25（30%） | 19（23%） | 19（23%） | 2（20%） |
| 良 | 34（40%） | 19（22%） | 28（33%） | 47（56%） | 2（20%） |
| 可 | 26（31%） | 25（30%） | 23（27%） | 13（15%） | 4（40%） |
| 不可 | 11（13%） | 15（18%） | 14（17%） | 5（6%） | 2（20%） |

（注）PIDA, *Performance Monitoring & Evaluation of Farmers Organizations*, October 2008.
　　より。
　　評価基準は、優 86 点以上、良：65-85 点　可：50-65 点、不可：50 未満。ただし、PIDA 評
　　価（2007、2005-2008）では、優：86 点以上、良：70-85 点、可：55-70 点、不可：55 点未満。

表5　農民組織の機能に関する満足度と各農民の地理的位置との関係

| 農民組織の機能 | 満足 | | | | 不満足 | | | |
|---|---|---|---|---|---|---|---|---|
| | 上流 | 中流 | 下流 | 合計 | 上流 | 中流 | 下流 | 合計 |
| 紛争解決 | 494<br>(87%) | 507<br>(89%) | 580<br>(83%) | 1,581<br>(86%) | 75<br>(13%) | 61<br>(11%) | 118<br>(17%) | 254<br>(14%) |
| 水路への水供給 | 476<br>(84%) | 468<br>(82%) | 473<br>(68%) | 1,417<br>(77%) | 93<br>(16%) | 100<br>(18%) | 225<br>(32%) | 418<br>(23%) |
| 末端への水供給 | 436<br>(77%) | 434<br>(76%) | 462<br>(66%) | 1,332<br>(73%) | 133<br>(23%) | 134<br>(24%) | 236<br>(34%) | 503<br>(27%) |
| 盗水対策 | 459<br>(81%) | 458<br>(81%) | 533<br>(76%) | 1,450<br>(79%) | 110<br>(19%) | 110<br>(19%) | 165<br>(24%) | 385<br>(21%) |
| 水路の維持管理 | 498<br>(88%) | 500<br>(88%) | 587<br>(84%) | 1,585<br>(87%) | 71<br>(12%) | 68<br>(12%) | 111<br>(16%) | 250<br>(13%) |
| 水利費の徴収 | 499<br>(88%) | 498<br>(88%) | 592<br>(85%) | 1,589<br>(87%) | 70<br>(12%) | 70<br>(12%) | 106<br>(15%) | 246<br>(13%) |

（出所）表4と同じ。

可」の4段階で総合評価した、JICAおよびPIDA両者の評価結果をまとめたものである。多くは「良」であり、また8割を超える農民組織が「可」以上で一定の機能をしていると評価できるが、2割弱の「不可」の数を踏まえれば、効果的に活動しているFOとうまくいっていないFOに分かれていることがわかる。その相違を生み出す要因として、大土地所有農民の比率（大土地所有農民はFOのルールに従わない傾向が強い）、FOの委員の教育レベル（高いほどFOの運営が効率的である傾向がある）、所在する地域の特性（犯罪の多い地域などの要因）、などがあげられている。

　また、表5は、FOの果たす役割に関する満足度を、農民の水路の地理的位置で分類したものである。これをみると、次のことがわかる。

　（ア）FOは、紛争解決、盗水対策、水路の維持管理、水利費の評価と徴収、などでかなり高い満足度を示していること。

　（イ）水路の上流はより満足度が高く、水路の末端では不満足度が高まる傾向があること。これは、水へのアクセスの容易さ（供給水量）が影響していると考えられる。

　なお、水窃盗に対してFOに取り締まりの法的権限がないことから、2008年の調査以降、水窃盗が拡大しているとされ、効果的対処のためにはFOの法的権限の強化が不可欠であるとの意見が多く聞かれた。

　全体として、本事業を通じた維持管理体制改善により農民参加を実現し

たFOについては、8割を超えるFOが一定の機能を果たし、かつそれを構成する農民からもその効果に高い満足度が示されている。ただし、FOの法的権限等の強化、組織ごとの特性など、さらなる改善に向けての課題も提示されていた。

### （5）農民組織による運営・維持管理の財務状況

　2005年にFOが水利費を徴収する制度が導入されるようになる以前は、パンジャブ州の灌漑電力省灌漑局（PID）が水利費を徴収し、維持管理を担っていた（水利費は使用される水量に関係なく、作物の種類と作付面積によって決定される）。水利費が不足する場合、パンジャブ州の財源から補填されることになっていたが、維持管理予算は恒常的に不足しており、1992年において使われた維持管理費の実績は必要額の15%にとどまっていたとされる。[12]これは水利費そのものが極端に低く設定されていること、維持管理費の大部分がPIDの人件費に充当されていること、水利費の徴収はPIDが行うものの歳入局を通じて国庫にいったん入るため、水利費が直接維持管理費の財源になっていないこと、などが原因とされた。

　既述のように、農民組織主体の維持管理体制の構築は、2005-2007年はパイロット段階で、2008-2010年は移行期、2010年より本格的にFOによる維持運営体制がとられるようになっている。2005年以降、徴収した水利費の40%をFO、60%をPIDAに配分し、両者が協力しながら維持管理する参加型灌漑管理（PIM）モデルが推進されている。2008年以降、水利費徴収率の高いFOでは、この配分比率が50%ずつとなっている。

　先に示したように、水利費は全体としておよそ70%程度の徴収率が確保されており、2004年以前のPIDによる徴収率が35-45%程度にとどまっていたのと比較すると改善している。[13]2010年以降のFOによる徴収の本格導入期において徴収率は向上したが、近年しだいに低下傾向にあるとされ、課題は残っている。[14]

　また、現在の水利費レベルで、排水路の運営維持管理が財務的に可能かという点については、いくつかのFOへのヒアリングによれば、足りているというところと全く足りないというところがあり、水利費の徴収率にも

よるが、水利費自体が低く抑えられていることが問題であるとの指摘が共通していた。つまり、維持管理の費用は人件費を含めて水利費からまかなうしかないが、水利費のレートはパンジャブ州が決定しており、政治的な理由から意図的にきわめて低く抑えられてきた。PID も以前から水利費のレートの引き上げを州政府に求めており、2013 年 5 月に、現在の 1 エーカーあたり 135 ルピーから 245 ルピーに引き上げることを提言しており、この水準でも必要な維持管理費の 15-20% 程度にとどまるため、将来的にはさらに引き上げることが不可欠であるとされていた。但し、引き上げにともない、農民の水利費支払い拒否が起こり、かえって収入減につながらないような適正水準を確保する必要がある。

2008 年に JICA により実施された 84 の FO のパフォーマンス調査によれば、①黒字の FO は減少し（68 から 45 へ）、赤字の FO が増加した（16 から 39 へ）。②維持管理費よりも運営人件費の支出が大きく、維持管理予算が十分とはいえない。他方で、FO の財政状況の調査によれば、①黒字化は、主に支出の抑制によってもたらされている場合が多い、②赤字化は、主に高い運営人件費によって生じている場合が多いとのことであった。

結論としては、個々の FO をみると、水利費からなる収入と運営維持管理費・人件費からなる支出のバランスがとれた FO も存在する一方で、全体としては財務状況の改善が必要である。特に、黒字の FO の数が減り、赤字の FO の数が増えているという傾向は問題であり、このままでは、中期的に、維持管理が十分になされないまま、施設の老朽化が進む可能性が捨てきれない。改善策の一つは水利費を現実的な水準に引き上げることであるということは、AWB や面談したすべての FO の委員会メンバーも指摘していることであった。

運営・維持管理の状況をみると、1 次・2 次水路は PID や PIDA によって管理がなされている。100 年以上前の植民地時代の施設や機材も、保守点検・補修が適宜なされており、維持管理状況は比較的良いと考えられる。

他方、3 次・4 次水路（末端水路）に関しては、FO を中核とする維持管理に委ねる体制をめざしており、州政府から農民への運営・維持管理の移管そのものは進展している。しかし、現状としては、引き続き PID/PIDA

を主体とする運営維持管理に依存している FO の数は少なくなく、また自主的な維持管理体制に移行しつつある FO でも、水路の維持補修を十分に行えていない FO も少なくないとされる。

　実際、水路改善の支援対象となった A 地区でも、支線水路や末端水路が改善されないまま老朽化している場所もあり、こうした箇所の修復は今後の大きな事業を待つしかない（154 頁の右下の写真参照）。また、2004-06 年に修復されたところでも、末端水路ではしだいに施設の劣化が進んでおり、補修が追いついていない場所も見受けられた。

### （6）本事業のインパクト──農業生産の増加

　本事業の審査時には、本件事業により農業生産の増加や農民の貧困削減効果が見込まれる、との記載があるものの、具体的なベースラインと目標値が設定されていたわけではない。支援対象地域の農業生産の増加や所得向上には水路による水供給拡大が一つの要因とはなるが、それ以外のさまざまな要因も考えられる。

　支援対象地域の主要な農業生産物は、小麦、米、サトウキビ、豆、綿花、などである。二毛作が通常であり、夏に米、冬に小麦という作付けも多い。パンジャブ州は特に小麦・米の生産の重要地域である。

　2007 年に国際水管理研究所がパンジャブ州で行った調査によれば、本事業の支援対象地域の農業生産性は対 2004/05 年比で 10% 弱向上との記述がある。他方、統計局の農業生産統計によれば、パンジャブ州の主要作物である小麦・米の作付面積は過去 10 年間に着実に拡大しており、いずれも約 2 割の増加である。また、豆の作付面積は多くはないが、過去 10 年間に約 2 割拡大した一方、主要作物の一つであるサトウキビの作付面積は、過去 10 年間に約 1 割の減少となっている。

　より具体的に検証するために、筆者はパキスタン政府の統計局より地区ごとの農業生産高・耕作面積のデータを入手し集計・分析した。その結果、以下のような状況であることがわかった。

　（ア）ハフィザバード地区（A 地区）：2005 年以降、小麦・米の作付面積が拡大、生産高も拡大。サトウキビの作付面積・生産高は減少。

（イ）ナンカナサヒーブ地区
（Ａ・Ｂ地区）：2005年以降、小
麦・米の作付面積・生産高が
急激に拡大。サトウキビの作
付面積・生産高も急激に拡大。
　（ウ）ファイサラバード地
区・トバテックシン地区（Ｂ・
Ｃ地区）：いずれも2008年以降、
小麦・米の作付面積拡大、生
産高も拡大傾向。

水路により作物が育っている田畑の例

　すなわち、主要作物の耕作
面積・農業生産高は、特に
2005年以降、支援対象地域
で拡大していることがわかる。[15]
その拡大要因として、本事業
の効果である、①水路による
水供給の安定確保も一つの大
きな要因であるが、②農業技

作物を収穫・運搬する農民

術の改善・向上[16]、③天候・気候の変化の影響[17]、なども大きい。また、いく
つかのFOの委員会や農民へのヒアリングを通じて、水保全・排水の改善
によって農業生産の改善や土壌保全に役立ったという回答を得ている。し
たがって、農業生産高の変化と水供給の改善との直接的な因果関係は明瞭
には把握できないものの、肯定的なインパクトは推測できる。
　なお、本事業は水路の基幹部分への支援を中心とし、しかもその活動内
容は一部の区間のライニングや河岸保護によるリハビリであるため、円借
款部分の支援によって水供給がどの程度改善されたか（貢献度）を正確に
測ることは困難である。

## （7）事業のその後の課題

　調査を通じてえられた情報によれば、本事業にはさまざまな課題があり、

以下のような対応が必要だと考えられた。

　まず、実施機関である PID/PIDA としては、第 1 に、水路・灌漑施設の運営維持管理体制が本事業の持続性の要であり、2005 年以降の農民組織の設立・強化と参加型灌漑管理体制の導入に向けた制度改革の努力は評価されるべきである。しかし、2013 年時点では、PIDA から AWB への権限と人員の移管が完全には進んでおらず、AWB の強化のため、特にその欠員補充に向けて PIDA の人事権を握っている PID は具体的行動をとる必要があると考えられた。

　第 2 に、運営維持管理の財務面での最大の課題として、耕地単位面積当たりの水利費の低さが指摘され、この水利費の適正な価格への引き上げが不可欠であった。また、農民組織による水利費の徴収率を引き上げ、水窃盗に効果的に対応するには、FO の法的権限の強化が必要であるとされた。法的権限みなおしの責任はパンジャブ州政府にあり、法律やルールの改正がなされなくてはならない。

　一方、FO を主体とした参加型灌漑管理体制づくりは、一定の成果をあげている一方で、水利費の徴収率、FO の能力、大地主・政治勢力の影響力などの面では課題を抱えている。JICA はこうした制度改革に関する他国での経験（good practices）にもとづき、こうした課題への対処方法を提示するなど、制度改革を支援すること、たとえば、FO が水利費以外の収入源を確保する手だてをみいだす努力を支援すること、などが期待されている。


## 第 3 節　支援対象地域の二つの農民組織に対する<br>アンケート調査


　さて、以下では、上記の事業評価に際して実施した、支援対象となった地域の中から二つの FO を選んで実施したアンケート調査と直接インタビュー調査の結果をもとに、現地の FO の実態についての分析を紹介することにしたい。

## （1）調査対象農村の選定

受益者調査では、JICA 支援の対象となった A 地区の二つの FO を選び、それぞれ 103 サンプルのアンケート調査を実施した（2013 年 2-3 月実施）。一つはカバルワラ（Qabarwala）FO で、もう一つはナーラ（Nahra）FO である。いずれの FO もパンジャブ州の州都ラホールと第二の都市ファイサラバードの間にある FO で、ナンカナ（Nankana）地区にある。FO は水路にそって形成されるので、それぞれの FO はいくつかの村の集合体となっている。

この二つの FO の違いを示す、いくつかの属性データやアンケート集計結果を対比させたのが、表 6 である。FO の規模（農家数・耕作面積等）に関しては、ナーラ FO の方がカバルワラ FO よりも大きい。

両者は地理的には比較的近いが、前者は直近のパフォーマンス評価（PIDA による 2005-2008 年評価）で「良」、後者は「不可」であり、表 7 で示されるように、特に水利費徴収率の違いが顕著である。PIDA の水利費徴収率や組合活動の活発さなどを基準にした評価によれば、カバルワラ村はきわめてパフォーマンスが良く、他方、ナーラ村はパフォーマンスがきわめて悪い。地理的に近く、土質や水量に大きな違いがないにもかかわらず、両者の FO のパフォーマンスが大きく違うのはなぜであろうか。

いずれの FO からも 103 の農家のサンプルを、多層クラスター・ランダム・サンプリングによって抽出した。第 1 段階では、水路の上流・中流・下流のそれぞれから二つずつの集落を選び、第 2 段階として、それぞれの集落から水利費（abyana）表から同数の農家をランダムに選んだ。同様に、末端水路の各セクションから、同数の農家をランダムに選んだ。

表 6　両農民組織の基本情報の対比

|  | カバルワラ | ナーラ |
|---|---|---|
| 耕作可能面積（エーカー） | 8,072 | 42,480 |
| 農家の数 | 約 2,000 | 約 5,500 |
| 支線水路の長さ（マイル） | 4.02 | 36.86 |
| 水路アウトレットの数 | 14 | 87 |
| 一戸あたり耕作面積（エーカー） | 6.69 | 10.29 |
| 主要な水供給源 | 水路 57.3%／管井戸 42.8% | 水路 18.7%／管井戸 81.3% |

（注）PIDA 提供資料より。

表7　両農民組織の水利費徴収率の近年の推移

| 時期 | カバルワラ | | | ナーラ | | |
|---|---|---|---|---|---|---|
| | 水利費<br>見積 | 水利費<br>徴収実績 | 徴収率<br>（%） | 水利費<br>見積 | 水利費<br>徴収実績 | 徴収率<br>（%） |
| 雨季 2010 年 | 494 | 384 | 78 | 1,887 | 603 | 32 |
| 乾季 2010–11 年 | 293 | 293 | 100 | 1,114 | 474 | 43 |
| 雨季 2011 年 | 498 | 498 | 100 | 1,908 | 1,145 | 60 |
| 乾季 2011–12 年 | 321 | 321 | 100 | 1,888 | 455 | 24 |
| 雨季 2012 年 | 538 | 538 | 100 | 3,189 | 777 | 24 |
| 合計 | 2,143 | 2,033 | 95 | 9,985 | 3,448 | 39 |

（注）地域水利局（AWB）の資料にもとづく。水利費の単位は千ルピー。雨季（Kharif）
　　は 5 〜 9 月、乾季（Rabi）は 10 〜翌 4 月。

## （2）二つの農民組織の住民参加の度合いの比較

　以下では、二つの FO の主要な相違について整理した。表 8 は、FO に
住民がどの程度参加しているかに関するいくつかの質問（①、③から⑥）
への二つの村の回答を対比させたものである。

　いずれの FO も設立からまもない（2005 年に設立、調査時で 8 年目）ため、
すべての農家がその存在を知っているわけではない。「FO を知っていま
すか？」との質問①に対し、カバルワラの農家の場合は 66.9%、ナーラの
場合は 69.9% がその存在を知っているにすぎない。いずれの村でも約 3
分の 1 の農家は、FO の存在すら知らない。また、直接ヒアリングによれ
ば、FO と関わりのある農家は、FO の役員には毎日のように会っているが、
FO の役割については良く知らないようであった。

　表 9 の質問②「あなたの家族あるいは親族の誰かが FO/ PIDA の委員会
メンバーですか？」は、質問①で FO の存在を知っていると答えた人への
質問である。その回答にみられるように、ナーラでは、FO について知っ
ている農家の 55.6% が、家族ないし親族が FO の委員会メンバーになって
いる。カバルワラよりもナーラで家族・親族の FO への関与がやや強いよ
うであるが、統計的な誤差を考えるとそれほど大きな差はない。

　また、質問③「あなたは FO の委員会メンバーがどのように選ばれる
か知っていますか？」への回答のように、委員会メンバーの選定過程に
ついては、ナーラは 77.5%、カバルワラは 72.5% が知っていると答えてい
る。前者の方がその比率がやや高いが、これも大きな差があるとは言えな

表8　農民組織に関する質問（①、③から⑥）への二つの村の回答

|   | 質問内容 | カバルワラ | ナーラ |
|---|---|---|---|
| ① | あなたはFOの存在を知っていますか？ | はい 66.3%／いいえ 33.7% | はい 69.9%／いいえ 31.0% |
| ③ | あなたはFOの委員会メンバーがどのように選ばれるか知っていますか？ | はい 72.5%／いいえ 27.5% | はい 77.5%／いいえ 22.5% |
| ④ | あなたは今までFOの選挙で投票したことがありますか？ | はい 44.9%／いいえ 55.1% | はい 63.4%／いいえ 36.6% |
| ⑤ | あなたはFOメンバーの選挙は公正だと思いますか？ | はい 83.8%／いいえ 16.2% | はい 82.1%／いいえ 16.4% わからない 1.5% |
| ⑥ | FOの（通常／年次）会合に参加していますか？ | はい 45.9%／いいえ 54.1% | はい 35.3%／いいえ 64.7% |

表9　質問②あなたの家族あるいは親族の誰かが
　　　FO/ PIDA の委員会メンバーですか？

|  | 本人 | 家族 | 親族 | いない |
|---|---|---|---|---|
| ナーラ | 15.3% | 1.4% | 38.9% | 44.4% |
| カバルワラ | 11.6% | 2.9% | 29.0% | 56.5% |

い。なお、ナーラでは、69.9%の人がFOの存在を知っており、更にこれらのうちの77.5%が選挙の過程について知っており、従って、全体で54%の農家が選挙過程について知っているということになる。この数値はカバルワラではもっと低い（48.5%）が、統計的な誤差を考えるとこれもそれほど大きな差はなさそうである。また、ナーラでは82%、カバルワラでは83%の人が、選挙は公正に行われていると信じており、この比率はほぼ同じである。

　両村の比率が違うのが、質

FOによる農民の集会

水路脇に立つFO委員会幹部

問④の選挙への参加（投票）の度合いであり、ナーラでは 63.4%、カバル
ワラでは 44.9% と、前者の方が高い。その一方、質問⑥の FO 会合への参
加の度合いをみると、ナーラではわずか 35.3% のみが FO 会合に参加して
いると回答し、カバルワラでは 45.9% とやや高いが、FO 会合への参加の
度合いはいずれの FO でも半数以下であり、高いとはいえない。また、参
加していない理由として、いずれの FO でも多くの人が、FO 会合の情報
を提供されていないためと答えていた。


### （3）二つの農民組織のパフォーマンスの比較

　表 10 は、二つの村の、水利費徴収、水管理、水路維持などのパフォー
マンス指標の比較である。

　① 水利費徴収率

　質問⑦「FO 主導の新制度後、あなたは水利費を定期的に支払っていま
すか？」への回答をみると、カバルワラにおける水利費の徴収率はほとん
ど 100% に近いのに対し、ナーラでは 76.4% にとどまっている。この数値
は、質問⑧「FO の水利費徴収は透明で公正だと思いますか？」への回答
にみられるように、水利費の金額の評価と徴収に対する農家の信頼度とほ
ぼ同様の数値であり、カバルワラにおいては、89.9% の農家が水利費の評
価を信頼しているのに対し、ナーラではその信頼度が相対的に低い（77.5%）
ためであると考えられる。

　また、この数値の違いは、質問⑨「FO は水利費を払わない農家（盗水）
に対してきちんとした対応をとっていると思いますか？」への回答でも同
様の傾向を示しており、ナーラと比べてカバルワラの FO は、水利費を支
払わない農家に対して積極的な対応をとるなど、水利費徴収に熱心である
と認識されていることが示されている。

　② 運営の透明性

　表 11 は、FO の運営の透明性に関する質問（⑩⑪）への回答である。

　質問⑩「FO は維持管理に適切にお金を使っていると思いますか？」へ
の回答をみると、カバルワラでは 58.2% の農家が資金を適切に使っている
と回答したのに対し、ナーラでは 45.8% にとどまる。その数値を見る限り

表 10　質問（⑦から⑨）への二つの村の回答

| 質問 | | カバルワラ | ナーラ |
|---|---|---|---|
| ⑦ | FO 主導の新制度後、あなたは水利費を定期的に支払っていますか？ | はい 98.5%／いいえ 1.5% | はい 76.4%／いいえ 20.8% |
| ⑧ | FO の水利費徴収は透明で公正だと思いますか？ | はい 89.9%／いいえ 7.3%<br>わからない 2.9% | はい 77.5%／いいえ 21.1%<br>わからない 1.4% |
| ⑨ | FO は水利費を払わない農家（盗水）に対してきちんとした対応をとっていると思いますか？ | はい 80.9%／いいえ 14.7%<br>わからない 4.4% | はい 64.3%／いいえ 22.9%<br>わからない 12.9% |

表 11　質問（⑩⑪）への二つの村の回答

| 質問 | | カバルワラ | ナーラ |
|---|---|---|---|
| ⑩ | FO は維持管理に適切にお金を使っていると思いますか？ | はい 58.2%／いいえ 40.3% | はい 45.8%／いいえ 51.4% |
| ⑪ | FO は水利費や維持管理の状況や支出の詳細を提供していますか？ | はい 37.9%／いいえ 62.1% | はい 30.6%／いいえ 68.1%<br>わからない 1.4% |

では、カバルワラはナーラよりも、水路維持のために適切にその資金を使っていると認識されているが、いずれも高いとはいえない。

　同様に、質問⑪「FO は水利費や維持管理の状況や支出の詳細を提供していますか？」との質問に対しては、カバルワラでは 37.9%、ナーラでは 30.6% にとどまっており、いずれも低い数値といえる。いずれの村でも、FO がそれほど信頼されているわけではないことを示している。

　③ 水路の維持管理

　表 12 は、FO による水路の維持管理に関する質問⑫「FO は以下の項目について管理できていると思いますか？」への回答であるが、これをみると、FO が果たしている役割については、カバルワラでは 42.0% が盗水対策と答え、ナーラではその数値は 26.4% と低い。この差は、カバルワラ地区の水路は、一部の地域（Ittan-wali 水路）を除いてライニング整備（コンクリートで水路を強化すること）されたのに対し、ナーラの水路の半分はライニング整備されていないため、盗水の管理が困難なことが影響していると考えられる。カバルワラでは、汚職の削減についてもナーラより高い数値を示している。他方、ナーラは、水利費の徴収と水路の維持管理についての数値がカバルワラより高い。

表12　質問⑫への二つの村の回答（複数回答可）

| | カバルワラ | ナーラ |
|---|---|---|
| 盗水対策 | 42.0% | 26.4% |
| 末端での水の利用 | 2.9% | 6.9% |
| 汚職の削減 | 11.6% | 6.9% |
| 現場での問題解決 | 10.1% | 5.6% |
| 水利費の徴収 | 23.2% | 27.8% |
| 水路の維持管理 | 11.6% | 44.4% |
| 水路の損壊 | 0% | 1.4% |
| 水不足 | 5.8% | 1.4% |

皮肉なことに、水不足への対策については両村ともにFOの役割を評価しておらず、直接ヒアリングによれば、何人かの回答者は、FO組織化後の方が水不足が深刻化したと回答し、多くの人が水路管理制度はPIDの管理のもとでの方がうまくいっていたと答えていた。

### （4）農民組織による水路管理制度の是非

① FOの役割の評価

表13はFOによる水路管理制度の効果に関する質問（⑫から⑭）への回答をまとめたものである。

これをみると、ナーラでは55.6%の人が、またカバルワラでは46.4%の人が、水路管理はFOの管理のもとでうまくいっていると答えている。しかし、質問⑬「灌漑管理の現在の制度は効果的だと思いますか？」への回答にみられるように、カバルワラの農家は、FOの制度の方が効果的との回答が過半を占めているのに対し、ナーラでは41.4%と低い。また、質問⑭「FO主導の新制度で紛争解決がより効率的になりましたか？」への回答にみられるように、FO設立後の水をめぐる紛争解決に関しては、カバルワラではナーラよりも紛争解決に効果的との回答が多かった。質問⑬と⑭に関して、ナーラではカバルワラほどFOの役割を住民は評価していない。

この原因を探ることは大きな課題であるが、直接ヒアリングを通じてわかったことは、ナーラの方がカバルワラよりも村内でのいくつかの派閥間の対立が激しいことと関連しているようであった。新たに設立されたFOの運営に関し誰が主導権をとるかをめぐって村内に勢力争いがあり、ナーラではいくつかの大地主を中心にそうした勢力争いがあるため、それがFOが十分に機能していない原因となっているようであった。これは、表9で、FOの委員に家族・親族がいるとの回答が半数を超えていることと

表13 質問（⑫から⑭）への二つの村の回答

| | 質問 | カバルワラ | ナーラ |
|---|---|---|---|
| ⑫ | FOは水路管理に関して灌漑省よりもよりよく対処していると思いますか？ | はい 46.4%／いいえ 24.6% わからない 29.0% | はい 55.6%／いいえ 29.2% わからない 15.3% |
| ⑬ | 灌漑管理の現在の制度は効果的だと思いますか？ | はい 55.2%／いいえ 44.8% | はい 41.4%／いいえ 58.6% わからない 1.4% |
| ⑭ | FO主導の新制度で紛争解決がより効率的になりましたか？ | はい 58.8%／前と同じ 27.9%／いいえ（前より悪化）13.2% | はい 35.3%／前と同じ 48.5%／いいえ（前より悪化）16.2% |

表14 質問⑮への二つの村の回答

| | PIDAの無関心 | 運営への農家の関与が限定的 | 政治的圧力 | PIDAとFOの間の非協力 |
|---|---|---|---|---|
| ナーラ | 75.6% | 9.8% | 22.0% | 14.6% |
| カバルワラ | 46.7% | 36.7% | 36.7% | 23.3% |

（注）複数回答可能。質問⑫で「いいえ」と回答した人のみへの質問。

符合し、逆に、FO委員に家族・親族がいない住民の中には、FOの活動に非協力的な人々がいるということを暗示しているようである。

他方、FOを中核とする新制度が効果的でないと回答した人の理由は、表14（質問⑮「もし効果的でないとすると、何が非効率の原因だと思いますか？」への回答）のとおりである。ナーラの農家は、「PIDAの無関心」が75.6%、「政治的圧力の存在」が22%と高い比率を占めている。他方、カバルワラの農家は、「PIDAの無関心」が46.7%、「運営への農家の関与が限定的」との答えが36.7%であった。

②効率的な水路管理のために必要なこと

表15のように、質問⑯「FOの効率性改善のために何がなされるべきだと思いますか？」という質問に対しては、ナーラでは「FOの権限の強化」という答えが最も多く、これは水窃盗など、FOの水利費徴収に協力しない住民に対し、警察力も含めてもっと強力に取り締まるべきだとの意見であった。他方、カバルワラでは、「FOをもっとコミュニティを代表するものにすべき」との回答が多く、これはFOを機能させるためには村内の多くの住民の参加と理解を進める必要があるとの正論である。このあたりが、ナーラの水利費徴収率が著しく低く、カバルワラではそれがほぼ100%に近いという、パフォーマンスの大きな違いに反映していると考え

表15　質問⑯への二つの村の回答

| | FO 長の金銭手当を増やす | FO をもっとコミュニティを代表するものにする | FO の権限の強化 | PIDA/ PID を通じて FO の能力強化 | FO への技術的支援を強化 | 水の配分をよりチェックして盗水を減らす | 進捗報告書の作成 |
|---|---|---|---|---|---|---|---|
| ナーラ | 18.1% | 15.3% | 37.5% | 15.3% | 6.9% | 9.7% | 0.0% |
| カバルワラ | 10.1% | 31.9% | 23.2% | 36.2% | 5.8% | 5.8% | 1.5% |

表16　質問⑰への二つの村の回答

| | FO のみによる管理 | PIDA, PID, AWB による共同管理 | PIDA と FO の共同 | PID と FOs の共同 | PID のみ |
|---|---|---|---|---|---|
| ナーラ | 2.8% | 25.0% | 27.8% | 2.8% | 41.7% |
| カバルワラ | 3.1% | 43.8% | 15.6% | 12.5% | 25.0% |

られる。

　なお、表16に、質問⑰「どのような水路管理体制が望ましいか？」への回答をまとめた。これをみると、FO のみによる管理体制を望ましいとした住民の比率は、いずれの村でもかなり低く、FO 設立（組織体制改革）以前の PID（州の灌漑局）のみによる水路管理制度の方が良かったとの回答が、かなり高い比率を占めている。特に、水利費徴収率が悪く FO が十分に機能していないナーラでは、PID のみによる水路管理が良いとの回答は41.7％にも達した。他方で、いずれの村でも、「PIDA, PID, AWB による共同管理」が望ましいとの回答の比率が高く、これらの数値は、依然として FO を中核とした「参加型灌漑管理（PIM）」がいまだ道半ばであることを如実に示しているように思われる。

## 第4節　二つの農民組織の比較調査からみえること

### （1）インタビュー調査のまとめ

　二つの村でのアンケート調査では、調査対象の各世帯の土地の広さ（耕地面積）や家族構成、生産物や支払っている水利費の金額や所得などの属性についても質問しているが、それらのデータや特徴については、本章では紙面の都合等の理由で割愛している。それらの各世帯の属性データも考慮した上で、両 FO の比較から導かれる結論または推論は、以下のとおり

である。

① カバルワラ村はナーラ村と比べて、FO 会合への参加度が高く、水利費徴収率も高く、かつ FO 委員の選挙も透明性があると認識されており、盗水対策や紛争解決も効率的である。

② カバルワラ村はナーラ村と比べて、農家数が少なく地域面積も小さく、農家一戸あたりの耕作面積も狭い。規模がコンパクトであること、小農が多いことは、カバルワラ村における FO による運営を効率的にしている可能性がある。

③ また、現地でのヒアリングによると、両 FO の違いの主たる原因として、ナーラ村ではコミュニティ内の派閥争いが強く、FO 委員会が政治化されており、反対派閥の農民がかならずしも協力的でないことが示唆されている。

④ ナーラ村では、PIDA がかならずしも面倒をみてくれないとの回答が多い一方、水路の維持管理は昔のように PID（灌漑電力省灌漑局）がやるべきだとの回答が多い。他方、カバルワラ村では、PIDA と FO が協力しながらうまくやってきたとし、今後も PIDA との協力の中で FO の能力を高めることが重要だとし、新しい制度への信頼度が高い。

## （2）パキスタン（パンジャブ州）の地方政治

上記のように、パンジャブ州の二つの農村を対象に行ったアンケート調査や直接ヒアリングなどを通じてわかったことは、こうした農村はある意味ではパキスタンという国の政治や社会の縮図であるということである。

農村の中には大地主がおり、彼らは村を基盤とする政治家でもある。パンジャブ州の PIDA は水路管理のための技術者を中心とした集団であり、こうした技術者は、水路を管理する上で不可欠である。FO を中核とする参加型灌漑管理（PIM）体制は、参加型開発のモデルとして一見民主的で正論であるようであるが、パキスタンの政治社会風土の中では、FO の運営自体が村の中での政治の舞台と化す可能性も少なくないのが現実である。

また、PIDA の技術者によれば、水路を適切に管理するには、そもそも水利費徴収の元になる土地面積あたりの水利費の金額が少なすぎることが

根本の問題としてあり、現実に即した改革案（水利費の引き上げ）がパンジャブ議会を通らないことが問題であるとの指摘もあった。パキスタンでは形式的には地方分権と民主的な議会制度が進んでいるため、パンジャブ州の議会の権限も大きい。しかし、政治家は議員として人々の歓心を買うため、ある意味でのポピュリズムに走り、水利費の引き上げのように、長期的には不可欠な施策であっても短期的な票を意識して反対を続けてきた。また、農村の大地主は地方政治を動かす政治家でもあり、現状を大きく変える改革にはなかなか賛成しない。

　それでも、地域によっては、あるいは村によっては、改革に熱心に取り組む住民やリーダーがいることも事実である。そうした地道な改革を通じて、パキスタンの農民の生活が向上していくことが望まれる。

## ◆コラム 英国植民地時代の遺産

　パキスタンは 1947 年に独立するまで、長く英国の植民地下にあった。英国の植民地統治下でも、今日のパキスタンのパンジャブ地域はインダス川の流域にある豊かな穀倉地帯であったが、農業生産をあげるためには治水は不可欠であった。そのため、英国は 19 世紀以来、インダス川流域の治水には力をいれた。本プロジェクトで水路の整備を支援した地域は、インダス川支流のチェナブ（Chenab）川の流域であるが、その根幹部分にあるのがカンキ（Khanki）の治水ダムである（図 1 の地図参照）。こ

英国植民地時代に建設されたカンキの治水ダム

の巨大な治水ダムは、イギリス統治時代の 19 世紀末につくられた。現地調査の際、その施設を訪れたが、その施設の脇には、この施設が 19 世紀末の英国植民地時代に建設されたことを示す碑が残っていた。碑には「Khanki Headworks, Constructed in 1889-92（カン

キ基幹施設、1889-92 年建設)」とあり、建設にあたった英国人技師の名前も書かれていた。英国も植民地時代にインダス川流域の治水に力を入れたこと、また、インダス川流域の水路の整備にはすでに 100 年以上の時間がかけられており、今日でも継続されている大事業であることを痛感させられた(なお、このカンキの治水ダムおよびその周辺の風景は、以下のユーチューブでみることができる。https://youtu.be/WqQc0VJdezc(Goleki Head Khanki Gujrat Punjab Pakistan)。

注
1　国際協力機構『平成 24 年度案件別事後評価報告書(パッケージ II-5　パキスタン国・アルジェリア国)』「全国排水路整備事業」、2013 年。
2　ただし、パキスタン政府は NDP 自体の目標を変更しておらず、「灌漑・排水戦略」(1994)以降、新しい戦略は策定されていない。2013 年 1 月、水資源省へのヒアリングで確認したところによれば、中央省庁レベルで統合的水管理の新たな戦略が検討されているとのことであった。
3　今回の事後評価にあたっては、以下のとおり調査を実施した。調査期間：2012 年 10 月～ 2013 年 8 月。現地調査：2013 年 1 月 9 日～ 1 月 22 日、2013 年 6 月 13 日～ 6 月 22 日。
4　世銀のインスペクション・パネルに関しては、いくつかの研究書・論文がある。たとえば以下のような文献である。段家誠『世界銀行と NGOs-ナルマダ・ダム・プロジェクト中止におけるアドボカシー NGO の影響力』(築地書店、2006 年)。松本悟『調査と権力──世界銀行と「調査の失敗」』(東京大学出版会、2014 年、特に 144-147 頁、214-216 頁)。佐俣紀仁「紛争解決制度としての世界銀行インスペクション・パネル」(『東北大学 GEMC ジャーナル』2009 年 3 月号)。
5　World Bank(2004), *National Drainage Program Project: Inspection Panel Summary*, September.(世銀 HP で検索入手可能)。
6　2013 年 6 月時点で、チュナブ川下流地域東部の AWB の定員 137 人のうち 34 人しか充足されていなかった。
7　そのため、2009 年以降、JICA の技術協力プロジェクト「パンジャブ州農民参加型灌漑農業プロジェクト」を通じて、FO を指導する PIDA 向けの教材や、FO 向けの教材や参考資料の作成、PID/PIDA などの職員の能力強化研修が行われている。
8　以下の後続案件の支援対象地域の一部に含まれている。「チェナブ川下流灌漑用水路改修事業」(円借款、2005 年借款契約)、「パンジャブ州灌漑システム改善事業」(円借款、2008 年借款契約)。
9　A、B、C 地区の FO の合計数は 85 であるが、一つの FO は住民の合意が得られておらず法的に未成立である(2012 年末時点)。なお、本事業による FO の組織化と制度強化の支援対象は、A 地区のみならず B・C 地区を含む。
10　AWB 及び PIDA へのヒアリングにもとづく。
11　PIDA(2008), *Performance Monitoring & Evaluation of Farmers Organizations*, October. FO の水利費徴収率に関する 3 年ごとのパフォーマンス評価の結果は以下のとおり。90%以上(優)は 29 か所、80-90%(良)は 11 カ所、60-80%(可)は 25 カ所、60%未満(不可)は 19 カ所。

12　PID へのヒアリングにもとづく（2013 年 6 月）。

13　2004 年以前は FO が組織化されておらず、2005 年以降と同じ方法で算出されていないため、あくまで参考数値である。

14　AWB およびいくつかの FO へのヒアリングに基づく。

15　また、後続案件の支援対象である B・C 地区で、2008 年以降、米やサトウキビの作付面積・生産高が拡大していることがみてとれる。

16　B 地区の一部では、2009-2013 年「パンジャブ州農民参加型灌漑農業強化プロジェクト」により、農業技術改善による農業生産性の向上が図られており、支援対象地域で約 1-3 割の生産性拡大がみられる、との報告がある。

17　2010 年には降雨量が増加し、地域によっては洪水もあったとされる。

［参考文献］

Asian Development Bank（2007）, *Completion Report:（PAK）National Drainage Sector Project*, ADB.

Daechsel, Markus（2015）, *Islamabad and the Politics of International Development in Pakistan*, Cambridge University Press.

Eglar, Zekiye（2010）, *A Punjabi Village in Pakistan: Perspectives on Community, Land, and Economy*, Oxford University Press.

Weiss, Anita M., and Saba Gul Khattak（eds.）（2013）, *Development Challenges Confronting Pakistan*, Kumarian Press（A division of Lynne Rienner Publishers）.

World Bank（2004）, *National Drainage Program Project: Inspection Panel Summary*, The World Bank.

World Bank（2007）, *Implementation Completion and Results Report on A Credit to Islamic Republic of Pakistan for A National Drainage Project*, The World Bank.

黒崎卓「農業・非農業の生産性と教育：パキスタン農村の事例」「貧困の動態的変化と教育：パキスタン農村の事例」大塚啓二郎・黒崎卓編『教育と経済発展――途上国における貧困削減に向けて』東洋経済新報社、2003 年

黒崎卓・子島進・山根聡（編）『現代パキスタン分析――民族、国民、国家』岩波書店、2004 年

国際協力機構国際協力総合研修所『パキスタン国別援助研究会報告書』JICA、2003 年

国際協力機構（早稲田大学受託）『平成 24 年度案件別事後評価報告書（パッケージ II-5 パキスタン国・アルジェリア国）』「全国排水路整備事業」、2013 年

中野勝一『パキスタン政治史――民主国家への苦難の道』明石書店、2014 年

広瀬崇子・山根聡・小田尚也（編）『パキスタンを知るための 60 章』明石書店、2011 年

山中一郎編『パキスタンにおける政治と権力――統治エリートについての考察』アジア経済研究所、1992 年

# 第6章
# スリランカの電話通信網整備と
# 世帯・企業へのインパクト

## はじめに

　本章では、旧JBIC（国際協力銀行、その後2008年に円借款部分については JICAに統合された）がスリランカで実施した電話通信網整備事業をもとに、その第三者事業評価に付随して実施した、裨益世帯および企業に対するアンケート調査と直接インタビュー調査をとりあげる。特に、第4節で、スリランカにおける電話通信網整備の経済社会的なインパクトの把握のために実施したアンケート調査にもとづき、世帯・企業に与えた具体的なインパクトの事例を紹介する。

　この事業の外部評価を専修大学が受託し、筆者を中心に手分けして調査を行った。筆者はスリランカの事業の調査を担当し、統計的に有意な規模でのアンケート調査と直接インタビュー調査を実施しその結果をとりまとめた。上記事業の評価報告書はすでに現在のJICA（国際協力機構）のホームページにも記載されており、本章では特にとりあげることはしない[1]。むしろ、その評価作業とともに、スリランカのコロンボおよびその周辺で実施したアンケート調査をもとに、電話通信網が人々の生活や企業の活動にどのような影響を与えたのかについての調査結果を紹介する。

　電話通信網は、特に2000年前後に携帯電話が世界的に急速に普及したことによって、それまでとは全く次元の違う時代にはいったといっても過言ではない。JBICがスリランカで実施した固定電話通信網整備事業は、1997年に開始され2004年に完了したが、これは固定電話回線の拡大を目的とする事業であった。電話通信網整備事業のタイミングとしては、まさに携帯電話普及の幕開け時代に固定電話網整備事業を実施したことになり、

ある意味では最悪のタイミングであったといえなくもない。

　開発途上国における携帯電話の普及は、開発における「リープフロッグ（蛙跳び）」（先進国が遂げてきた発展過程をテクノロジーの活用により一段跳びびで抜かす現象）の典型的な事例である。携帯電話という新しい技術の普及により、固定電話を膨大なコストをかけて整備する必要はなくなったのである。

　もっとも、これも 2006-2007 年に実施した調査であり、今となっては時代遅れの調査結果かもしれない。しかし、この時期は、世界中で電話通信革命が進行した時代であり、スリランカにおいても例外ではなく、そうした電話通信革命が起こった時代のスリランカの経済社会変化を、当時実施した調査結果を通じて紹介することとしたい。

## 第 1 節　電話通信網の整備と経済発展

　アンケート調査結果を紹介する前に、第 1 節ではまず、スリランカにおける電気通信事業をとりまく電話通信事情の変化と民営化・規制緩和の政策の展開状況を説明しておこう。

### （1）電話普及率の推移と比較

　1990 年代後半は、世界的に電気通信分野の技術進歩と民間投資の活発化が起こったことにともなって、電話通信インフラの整備が急速に進んでいった時代であるが、南アジアでも同様な動きがあった。90 年代後半に固定電話の 100 人あたりの普及率は徐々に拡大していった。その一方、1990 年代末以降、携帯電話が急速に普及してきており、今やその数は固定電話の数をはるかに上回るようになっている。図 1 は、スリランカにおける固定電話の普及率および携帯電話の普及率（いずれも 100 人あたり台数）の推移（1992 年から事業完了時の 2004 年まで）を示したものである。

　固定電話回線数は 1990 年代を通じて着実に拡大していたが、1990 年代後半から携帯電話がしだいに普及するようになると固定電話の普及は停滞し始め、2001 年には固定電話と携帯電話の普及率は逆転し、その後は携

図1　スリランカにおける固定電話・携帯電話普及率（100人あたり台数）の推移

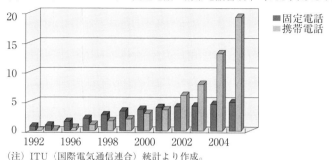

（注）ITU（国際電気通信連合）統計より作成。

帯電話が急速に普及していく様子が示されている。なお、2014年のスリランカの携帯電話普及率は103.2％で100％を超えている一方、固定電話普及率は12.5％である（ITU統計より）。

　また、図2にみられるように、南アジア近隣諸国の固定電話普及率の推移と比較すると、バングラデシュの電話普及の遅れが明白であるが、2001年時点でのスリランカの固定電話普及率（3.8％）は、同時期のインドの3.2％、パキスタンの2.3％と比べても高いくらいである。その後の固定電話の普及率をみると、興味深いことに、バングラデシュやパキスタンでは微増しているもののインドではむしろ減少しており、インドでは固定電話は携帯電話に完全にとって代わられたことを示している。他方、スリランカでは、その後も固定電話の普及率は拡大しており、日本などの固定電話網増強支援によって、その後も固定電話のネットワークの有用性がある程度確保されていることを示しているのかもしれない。

図2　南アジアにおける固定電話普及率の比較と推移（100人当り台数）

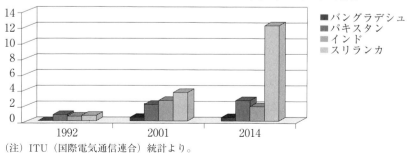

（注）ITU（国際電気通信連合）統計より。

## （2）通信アクセスと経済発展

　一般的に、電話の普及の度合いとその国の経済社会レベルとは相関
関係があるとされる。一例として、「アジア諸国において情報通信技術
（Information & Communication Technology、以下 ICT と略称）が社会経済の
成長に貢献した役割」を統計的に国際比較の中で分析した論文によれば、
特に「固定電話の普及率」と「人間開発指数（HDI）」との相関関係が強
いとされている（以下の図3参照）。

　ただし、これは固定電話の普及が HDI を押し上げる効果を示すもので
はなく、両者の因果関係を実証しているわけではない。「アジアの経済成
長における ICT の寄与」を統計的に検証した論文によれば、「1990 年
代（特に前半）のアジアにおいては、生産活動の ICT 化により、一定の効
果が現れているものの、決して大きなインパクトを与えるものとはいえな
かった」と結論づけている。[2]

　スリランカの場合、固定電話回線拡張の事業対象地域となったコロンボ
で、固定電話普及率と実質所得の伸びや HDI の指標の改善が、全体とし
ては高い相関関係をもっていることは、先の指標を比べてみても容易にわ
かる（表1）。しかし、そのことは固定電話の普及（回線の増大）が所得の

図3　固定電話普及率と HDI との関連

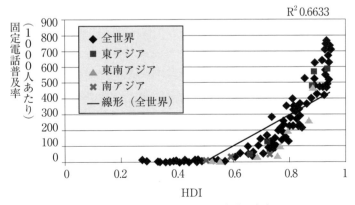

（注）サンプル数は n=142、t 値は 16.96 で 1% 水準で有意。
（出典）「アジアの経済成長における ICT の寄与」『KDDI 総研 R&A』2004 年 9 月、より。

表1　スリランカにおける電話普及率と所得・HDI 関連指標の推移

|  | 1995/96 年 | 2002 年 | 2005 年 |
|---|---|---|---|
| 固定電話回線数（千） | 255 | 883 | 1,244 |
| 固定電話普及率（％） | 1.4 | 4.0 | 4.6 |
| 携帯電話普及率（％） | 0.4 | 5.6 | 19.0 |
| 世帯の平均所得（月、Rp、名目） | 6,476 | 12,803 | 20,048 |
| 世帯所得の中間値（同上） | 3,793 | 8,482 | 13,617 |
| 世帯の平均所得（月、Rp、実質） | 1,177 | 1,362 | 1,649 |
| (1980/81constant) 下段都市部 | 2,044 | 2,386 | 2,594 |
| 世帯所得のジニ係数 | 0.46 | 0.47 | 0.47 |
| エンゲル係数（％） | 54.4 | 44.5 | 39.6 |
| 人間開発指数（HDI） | 0.71 | 0.75 | n.a. |
| 平均余命（男性／女性）（年） | 70.7 ／ 75.4 | 71.7 ／ 76.4 | n.a. |
| 乳幼児死亡率（％） | 21.8 | 13.4 | n.a. |
| 失業率（男性／女性）（％） | 8.2 ／ 17.7 | 6.6 ／ 12.9 | 5.3 ／ 10.7 |
| 一人当たり GDP（Rp. 1998 年基準年） | 50,431 | 61,440 | 70,583 |

（注）固定電話回線数、固定電話普及率、携帯電話普及率は、中央銀行統計・SLT 資
料より。
世帯所得からエンゲル係数まで、および失業率、一人あたり GDP は、以下の
資料。スリランカ統計局 *Household Income & Expenditure Survey 2005.*
および *Socio-Economic Development Indicators for Sri Lanka 2006.*
HDI は UNDP『人間開発報告書』より。

拡大や HDI の向上に寄与したことを意味するわけではなく、その両者の
つながり（ロジック・モデル）は、よりミクロに詳細に分析する必要がある。

## （3）スリランカの経済・社会の初期条件

　さて、電話通信網の急速な進展に影響を与えている各国独自の初期条件
の中で、比較的大きなものとしてあげられる要因は何であろうか。以下、
スリランカの事例に関して、重要と考えられるいくつかの要因をあげてみ
ることにしよう。

### ①政治社会状況

　スリランカは、人口約 2,000 万人、一人あたり国民所得は世銀統計によ
れば 2005 年時点ですでに 1,050 米ドルと中所得国の目安とされる 1,000 ド
ルの水準を超えており、南アジアの中では最も生活水準が高い国の一つで
ある（2016 年時点では 4,000 米ドルを超えている）。社会主義的な政府の政策
の中で、教育や医療は無償で提供されており、人間開発指標（HDI）をみ
ても就学率・識字率はきわめて高く、平均寿命も 60 歳を超えている。

その一方、多数派シンハラ人と少数派タミル人の間の民族紛争が継続してきた国でもある。長年対立してきたスリランカ中央政府と北部を支配する「タミル・イーラム解放のトラ（Liberation Tigers of Tamil Eelam、以下LTTEと略称）」との間で、2002年2月に無期限停戦合意が結ばれて戦闘がおさまり、休戦状況はおおむね継続されてはきた。しかし、2004年の末に、LTTEの内部対立（東部カルナ派の造反）が激化したのち、中央政府との対立が激化するようになった。2005年11月の大統領選挙で当選したマヒンダ・ラジャパクセ新大統領は、LTTEに対する強硬姿勢を打ち出す国内強硬派の支持を受け、その強硬姿勢に沿った政策を採用し、中央政府とLTTEとの間では戦闘が頻発するようになった。そして結局、2009年にはタミル人武装勢力を武力によって攻撃し、形の上ではタミル人の独立運動を力づくで制圧した。その結果、表面的には治安は全国規模で改善し、外国人観光客の客足も戻りはじめ、経済活動も全国的に活発化していった。

②マクロ経済状況

　スリランカにおいて、1990年代後半から電話通信分野だけでなくさまざまな分野で民活・民営化が進んできた。その背景には、経済のグローバル化が世界的に急速に進展する中で、1994年に成立したチャンドリカ・クマラトゥンガ大統領と人民連合政府が民間活力の導入と経済改革に熱心に取り組んだことがあげられる。1990年代後半以降のスリランカ政府の開発政策の大きな柱は、民間活力の導入であった。1995年以来、スリランカ政府はマクロ経済安定化・税制近代化・民間投資の促進・雇用者に有利な労使関係などに向けた改革の重要な政策として、従来は公的事業として行われていた部門への民間活力の導入を推進した。この背景には、長引く内戦による軍事費、社会福祉費の拡大が政府の財政を圧迫していたことがあったと考えられる。

　1996年、行政・民間の代表者からなる国営事業改革委員会が、公営企業効率化の推進を担当する機関として設立された。同委員会はスリランカ・テレコム（Sri Lanka Telelcom、以下SLTと略称）や国営エア・ランカ航空など約60企業の民営化計画を発表したが、労働組合などの激しい抵抗に

あい、当初の民営化目標を達成できなかった。1999年末までに、民営化処理を締結した企業は、プランテーション・ガス・鉄鋼・製塩・開発銀行・電気・通信・航空などの20社のみであったが、それでも1990年代後半には、規制緩和、金融緩和政策により、港湾・エネルギー・通信・運輸・倉庫などインフラ部門、上下水道・廃棄物処理など都市公共サービスへの民間資本の導入が進められた。港湾における船着場は、BOT（Build, Operate and Transfer）方式で最も早く民営化が進められた。電力公社の分社化により経営の自立化と民間投資を促進する計画も進んでいた。

さらに、2001年12月の総選挙によって成立したラニル・ウィクラマシンハ首相に率いられた政権は、民間セクターの活力を重視し、主要な国営企業の民営化や規制緩和を含めた包括的な改革計画を提示した。新政権の開発戦略は2002年12月に「リゲイニング・スリランカ」報告書にまとめられた。こうした改革案はかならずしも計画どおりには進んだわけではないが、それでもSLTやスリランカ航空など主要国営企業の民営化と業績改善、アパレルを中心とした輸出産業の拡大などがあり、スリランカの経済成長はその後年率5％前後のスピードで進展してきた。

こうした改革が進展したみのがせない外部要因として、世銀による政府の民営化・規制緩和に向けた助言・提言があげられよう。世銀はスリランカに対しても、長らく構造調整政策の一環として国営企業の民営化や規制緩和を求め具体的な助言を行ってきた。たとえば、財政赤字の削減、民間投資を促進する政策環境の改善、人的資源への投資の開始、貧困削減重視などである。その結果、スリランカは経済自由化を推進、民間活力の導入、対外開放の中で外資を導入しながら経済成長を目指す政策を採用してきた。また、経済的なパフォーマンス（経済成長率）をみても、2009年に世界的な金融危機（リーマン・ショック）の影響で一時的に落ち込んだことを除いては、安定した成長を示している。

## 第2節　スリランカにおける通信分野の競争環境の変容

JBICは1990年代後半から2000年初頭にかけて、スリランカにおいて

SLTを通じてコロンボ首都圏の電話通信網整備拡張事業を、バングラデシュにおいてバングラデシュ電信電話総局（BTTB）を通じて大ダッカ圏電話通信網整備事業を、同時期に支援した。両事業とも、支援対象地域（首都圏）の固定電話能力拡張に寄与した。

　電話通信分野のインフラ整備は、歴史的には固定電話回線の敷設が必要とされ、その敷設のコストは膨大であり、途上国では、初期には政府資金を投入し国営企業によって運営されるのが通常であった。しかし、その後、電話通信分野には大手の民間企業が参入し、競争環境の中で効率的な電話通信網の整備がはかられるようになった。

　さらに1990年代後半になると、携帯電話の技術が急速に進歩し、電話通信分野はその基礎的インフラの整備も含めて、グローバルに事業を展開する通信分野の民間企業が主導することとなった。途上国においてもこの分野で民営化と規制緩和が進み、国境を超えて競争力のある民間企業が価格とサービスを競う分野となった。

## （1）電話通信分野の規制緩和・民活政策

　1990年代後半以降のスリランカ政府の開発政策の大きな柱は、民間活力の導入であった。通信分野においては、政府が経営者としてではなく、ルールの番人として一歩下がった立場から監視するようになった。郵政通信省は政策を立案するのみで、規制当局は1996年に通信規制委員会に移管し、チェックとバランスが利くようになったことは通信セクターの発展を健全化した。通信セクターの改革にともない、移動体通信やインターネットも普及した。開発計画において、その後も通信セクターは引き続き重視され、政府はIMFや世界銀行の提言にもとづき、構造改革、規制緩和、外資導入の方針を推進してきた。

　電気通信分野は、とりわけ1990年代に入って、国際的に規制緩和と民営化が進み、外国資本が国境を超えて行き来するようになった分野であり、世銀は通信セクターの発展のためには、この分野での政府の規制緩和の一層の促進と、民間資本の導入・事業体の経営効率化のための民営化が必要であるとして、そうした政策の実施を政府に求めてきた。その結果、電

表2　スリランカにおける当時の通信分野の規制緩和・民営化策の年表

| 年 | 出来事 |
|---|---|
| 1988 | 世銀 /IMF による構造調整開始 |
| 1989 | 民営携帯電話サービス開始 |
| 1991 | 通信法発効、郵政通信省から SLT が分離・公社化－固定電話の独占免許付与 |
| 1993 | 民間携帯会社 2 社参入 |
| 1994 | クマラトゥンガ大統領による人民連合政権成立－民営化推進 |
| 1995 | SLT の民営化を閣議決定 |
| 1996 | 改定通信法成立、SLT 株式上場・民営化、WLL2 社の参入認可 |
| 1997 | SLT の株式の 35％を NTT が買収 |
| 2001 | ウィクラマシンハ新政権成立（統一国民党）－経済構造改革推進 |
| 2002 | 通信規制委員会が「新国家通信政策」提示 |
| 2008 | NTT が SLT の保有全株式をマレーシア企業に売却 |

（注）筆者作成。

話通信分野における規制緩和と SLT の民営化が、政府の国営セクター全体の民営化の方針のもとに進んできた。特にクマラトゥンガ大統領およびウィクラマシンハ首相の時期に、世銀の助言に沿った規制緩和・民営化策が熱心に遂行された。

　1991 年に発効したスリランカ通信法により、固定電話などの基本通信サービスを除いた通信サービスを自由化する枠組みが設定された。1995 年には SLT の民営化が閣議決定され、96 年には改正通信法が成立し、この年、SLT の株式上場・民営化が実施され、また他の民間の通信オペレータが市場に参入した。SLT はこの年、公社から株式会社になっているが、民間 2 社（Suntel ［スウェーデン、香港企業が一部出資］、Lanka Bell ［シンガポール企業が一部出資］）への相互接続を義務づけられた。1996 年の政府による固定電話網と無線技術の接続を活用するワイヤレス・ローカル・ループ（WLL）電話の認可は、民間事業者でも収益を確保できる状況を作り出した。こうした中、1997 年には、日本の NTT（コミニュケーションズ）が SLT の株式の 35％を取得し、日本人経営陣を送り込んでいる（2008 年には撤退）。

　経済成長による貧困削減をめざしているスリランカ政府にとって、投資を促進し経済活性化をはかるためのインフラ整備は最大の課題であり、1997 年時点で、同政府も海外からの公的資金を利用して、電力、道路、港湾、上下水道などとともに通信セクター開発を進める政策を打ち出していた。

スリランカ政府は自国を南アジアの「サービスの中枢」にすえて発展させるという政策をとり、通信分野でもインフラを整備して、コロンボを南アジアの通信ハブにしたいという構想をもっていた。[3] 円借款による電話通信事業支援は、こうした当時のスリランカ政府の政策に対応していた。

### （2）日本の支援事業の概要

　コロンボ首都圏における電話需要は、1997 年時点で全需要の約 6 割を占めており、その後もさらなる通信需要が見込まれ、当時の通信セクターマスタープランの中でも、首都圏における電話需要への対応が重視されていた。1994 年に発表された電気通信政策では 1998 年までに電話需要の100％充足を目標として掲げていたが、この時点では実施プロジェクトの遅れから、増大する需要を 2001 年までに満たすことは困難であると考えられていた。この目標達成のため、2000 年までに 15 のプロジェクト実施計画が策定され、このうち、本事業は最も優先度の高い三つの事業の中の一つとして位置づけられていた。この事業は、当時 JICA が実施した「スリランカ国全国電気通信網整備計画調査」においても、早急に実施すべき優先事業の一つとされていた。

　電話回線の積滞（加入申し込みをしてもすぐ電話が設置されない状態）の約半数が集中し、その後も需要の増加がみこまれるコロンボ首都圏の通信事情を改善するため、日本は本事業に円借款を供与した。本事業は、コロンボ首都圏において、交換機・伝送路および局外設備を拡充することにより、電話需要への対応および積滞の解消をはかり、もって同地域の経済活動活性化に寄与することを目的とするものであった。

　借入人はスリランカ民主社会主義共和国政府であり、実施機関は SLTであり、返済はスリランカ政府保証があった。SLT は、1997 年 8 月に35％の株式を NTT（日本）[4] に売却し、一部民営化された。アジア開発途上国におけるインフラ分野の民活・民営化は BOT 方式が中心であるが、SLT においては、その株式を投資家に売却する「運営主体自身の民営化」という形をとった。SLT の経営に NTT が加わることにより、通信サービスの向上、開発テンポの向上が期待されていた。[5]

事前評価時（1997 年）において、通信分野の規制緩和、SLT の民営化が予定されていたが、SLT はスリランカの固定電話回線の大宗を占めており、2002 年の固定電話回線数である 88 万 3,000 回線のうち、SLT は 76 万 9,000 回線を占めていた。本事業はスリランカの電話需要の大宗を担う SLT を通じて、電気通信の発展に貢献することをめざしたものと考えることができよう。SLT が実施する本事業に円借款を供与することで、インフラ分野の民営化企業を側面支援し、民営化プロセスをより円滑に促進する意義もあったと考えられる。

　事業費は、当初計画は 100 億 2,300 万円であったが、実際には 83 億 4,600 万円と減少した。おもな要因は技術進歩により落札価格が低くなったことにある。この結果で生じた円借款の未使用分に対して SLT はコロンボ首都圏以外の地方への通信網拡充への使用を希望したが、日本政府が本来の事業スコープより外れるとして円借款の未使用分での追加調達を認めなかったため、事業費は計画比で大幅に減少した[6]。

　事業期間については、1997 年 6 月に交換公文締結、1997 年 8 月に借款契約調印し、貸し付け完了は 2004 年 10 月であった。機材調達・据え付け・設備および土木工事において局外設備の導入局数増加という仕様変更により、スケジュールが合計約 2 年遅延した。

## （3）電話通信網整備事業の効果とインパクト

### ①電話網の整備と拡大

　規制緩和の結果として、多くの通信オペレータが市場に参入し、コロンボ首都圏における固定電話の整備が進むとともに、スリランカ全域における固定電話整備も進捗した。採算にのりやすいコロンボ首都圏における固定電話の整備がいっそう進展し、ひいてはスリランカ全域に於ける固定電話の普及を後押しした形である。固定電話回線数は 1997 年から 2005 年までの 8 年間に約 3.6 倍に拡大したが、「全国の電話加入者数に占めるコロンボ首都圏電話の加入者数」は、60.4％（1997 年）から 42.8％（2005 年）へと推移し、地方への固定電話の普及を示している。

　ただし、固定電話回線数の拡大自体は 2005 年には頭打ちになり、SLT

自身も固定電話よりはより安価な CDMA（WLL）網や携帯電話網の拡大に力を入れるようになっていた。この背景には、中国製の安価な CDMA 用の機材の普及も大きく寄与しているとされる。

通信セクターの構造変化としては携帯電話の浸透があげられるが、固定電話も着信に料金がかからないというメリットがあり、安定した伸びを維持した。また、技術革新と携帯電話との競争で料金が下がり、農村部にも裨益が進んだことがあげられる。規制緩和によって SLT 以外の電話事業者も参入し、SLT との競争効果が顕在化した。その結果、その後、都市部、農村部においても大幅に電話普及率が伸びている。審査時（1997 年）と事業完了時の 2004 年の都市部と農村部の電話普及率は次のように大幅に伸びている（いずれも中央銀行統計より）。

［都市部電話普及率］

18.9％（1996/1997）→ 51.4％（2003/2004）（うち、固定電話 17.7％→ 42.2％）

［農村部電話普及率］

2.6％（1996/1997）→ 21.6％（2003/2004）（うち、固定電話 2.0％→ 13.7％）

②日本の事業の効果

また、本事業を円借款で実施したことは、構造改革による通信の規制緩和・民営化事業が軌道に乗る基礎になった。こうした規制緩和によって競争が導入され、その過程でそれまで固定電話事業を独占してきた SLT は企業体として大きく飛躍した。たとえば、SLT はシンガポール市場で社債の発行ができるようになり、財務状況は健全になった。民営化された際に主要株主となった NTT からの技術移転も進み、SLT 自体によって自律的な運営が可能になった。規制緩和と民営化がほぼ同時に進み、市場競争が生み出されたことが成功の要因といえよう。

したがって、2008 年の調査時点で検討した場合、SLT を通じた固定電話能力拡張事業への支援は妥当であったと判断された。1997 年の審査時点では、その後の携帯電話や CDMA の急速な普及は想定できなかったものであるが、固定電話はその後のこうした多様な通信ネットワーク拡大の基礎的インフラともなっており、事後的にみてもその妥当性は損なわれて

いないと考えられたからである。

　また、本案件の一般的な社会・経済に関する定性的な効果としては、後述する受益者への直接インタビュー調査（受益者アンケート調査を実施した5地域1,250のサンプルより、一般世帯20および企業8社を抽出し詳細なインタビュー調査を実施）にみられるように、小規模企業の活性化、輸出産業の活性化、職業・教育上の機会獲得の増大、増大する国際電話ニーズへの対応などがあげられる。これについては、次節以降で、より詳細に述べていくことにしよう。

## 第3節　調査の方法と概要──アンケート調査とインタビュー調査

### （1）調査の目的

　スリランカ「コロンボ首都圏電気通信網整備事業」は1997年から2004年にかけて、バングラデシュ「大ダッカ圏電話網整備事業（II）」は1992年から2003年の融資期間で、デジタル化された交換機の導入と電話交換施設などの更新や増設によって、固定電話回線を拡充し、電話回線申請の積滞を削減するとともに、この地域の生活基盤の向上と経済の活性化に貢献しようとしたものである[7]。そこで、JBICが支援したスリランカとバングラデシュの上記2事業による首都圏の固定電話拡充が、人々の生活の向上や企業活動の活性化・拡充にどのようなインパクトをどの程度与えたかを分析・把握する目的で、詳細な現地アンケート調査を実施した[8]。

　アンケート調査では、調査チームはスリランカ・バングラデシュの両国において各々1,000を超える受益者サンプルに対して統計的に有意な規模での受益者調査を実施した。また、これらの調査を通じて入手した家計・企業の調査データを活用し、またその中からできるだけ多くの代表的受益者サンプルに対してより詳細なインタビューを実施した。これらの調査から、評価対象事業（首都圏における電気通信能力拡大事業）が、世帯（個人ユーザー）の生活の向上や企業（団体ユーザー）の経済活動の活性化に与えた影響・インパクトを中心に、事業効果の分析を行った。

## （2）分析の枠組み

　こうした事業のインパクト分析は、因果関係の特定が困難で、手法的にもいまだ確立されているとはいいがたく、その作業は容易ではない。近年、こうした因果関係の想定については、事前評価の時点である程度の因果関係を想定した「ロジカル・フレームワーク」を策定することが広く行われるようになっている。[9] しかし本事業の形成時にはまだロジカル・フレームワークを用いることは一般的ではなく、したがってどのように事業のインパクトを検証するかに関しても何ら言及がされていなかった。そこで事後評価にあたって、固定電話サービスの拡充が人々の生活の向上や経済の活性化につながるロジック・モデルをあらためて検討してみた。

　まず本事業の直接的なアウトプットは、デジタル化された交換機を供与することによって固定電話回線を拡充することであり、これによって電話回線申請の積滞を軽減するという事業のアウトカムが生まれ、最終的には事業対象地域の生活基盤の向上と経済の活性化に貢献することが事業の上位目標である。

　支援のアウトプットとアウトカムとは直接的な関係・効果があるため、両国における電気通信整備が本事業により本格的に開始された1997年当初において、この点についての論理は明確であった。しかし事業のアウトカムと事業の上位目標との因果関係は特定されていない。本事業が両国の経済活性化に貢献するとの上位目標が提示されてはいたが、その効果の発現経路について事前に詳細な分析検討がなされていたわけでもない。かつてのJBICの円借款案件については、こうした経済基盤整備が広く経済活性化や人々の生活向上につながることはほとんど自明とされてきたようにも思われる。

　ロジカル・フレームワークを補う作業として、事業のアウトカムが、どのような過程を経て上位目標を達成しうるかについての経路の補足を加えてみた。固定電話回線の積滞を軽減することにより、大きく分けて世帯や個人の生活・経済活動へのインパクト、企業や団体の経済社会活動へのインパクトが考えられる。世帯・個人については家計収入の向上、教育効果などの具体的インパクトがあり、これらが生活の向上、さらには貧困削減

図4　固定電話回線拡充事業と経済成長・貧困削減のロジック・モデル

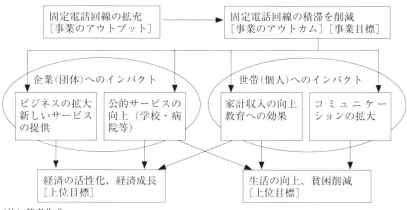

（注）筆者作成。

にも寄与しうる、と仮定する。一方、企業・団体はビジネスの拡大や新し
いサービスの提供につながりうる。また教育や医療に関わる団体の公的サ
ービスの向上にもつながる。

　こうした世帯（個人）・企業（団体）それぞれの経路を経て事業アウトプ
ット、事業アウトカム、上位目標を結びつけたものが図4である。スリラ
ンカとバングラデシュでは、国の規模、一人あたり所得のレベル、固定電
話や携帯電話の普及度等、相違点は多いが、電話ネットワークの普及が人々
の生活の向上や経済活動の活性化に与えるといった基本的インパクトにつ
いては、同様のロジック・モデルが適用できると考えた。

　しかし、そうした事業のインパクトを考えるロジック・モデルを想定し
たとしても、それを具体的に数値で確認することは大変難しい。固定電話
事業の有無にかかわらず生じた経済の活性化や生活向上もあるため、固定
電話の事業効果と、事業対象地域である首都圏の生活の変化・企業活動の
変容それ自体を分けることは、きわめて困難であり、固定電話と生活向上・
経済活性化の客観的な因果関係を証明することはほぼ不可能である。

　そこで調査チームは、事業アウトカムと上位目標の中間に位置する諸イ
ンパクトを現状から明らかにするため、世帯（個人）・企業（団体）が本事
業の実施を受けて、生活やビジネスにどのような変化が生じたかについて

情報を集め、そこから個々のインパクトを明らかにしようと試みた。

　まず「受益者」と想定される固定電話のユーザーに対して、統計的に有意な規模で質問票を用いたヒアリング調査を実施した。それぞれの国の事情から調査対象地の選択、調査対象サンプル、質問票の内容は異なるが、共に受益者の経済社会活動へのインパクトをより明確に把握できる形で調査手法を決定した。

　さらにここから得られた統計的・定量的な分析結果に、定性的な情報を加えそれを補完するものとして、典型的なあるいは興味深い受益者（電話ユーザー）へのより詳細なインタビューを実施した。この作業を通じて、電話能力拡充が人々の生活や企業活動に与えたインパクトに関して、より具体的で興味深い事例について整理することにした。

### （3）受益者調査の方法

　本調査では、コロンボ首都圏の SLT 固定電話加入者を、固定電話にアクセスすることのできる受益者ととらえた。

　ついで、本調査の対象とする母集団として、三つの JBIC 支援対象地域を選んだ。また比較対象地域として、JBIC 支援の対象地域ではないが、SLT が固定電話サービスを提供しておりコロンボ市に隣接する二つの地域を選択した。これら合計五つの地域の選択にあたっては、それぞれ地域特性が異なる地域を選択することに留意し、その選択にあたっては、現地の電話事情や地域事情を熟知した SLT の幹部や現地の専門家の意見を参考に、最終的には現地を実査して、調査対象地域として決定した。

　具体的には、前者（JBIC の円借款支援の対象地域）としてコテ（Kotte）とアンゴダ（Angoda）とモラトゥワ（Motatuwa）を選び、後者（非支援対象地域）としてパナドゥラ（Panadura）とホラナ（Horana）周辺地域（7村の合計）を選んだ。きわめて大雑把ではあるが、各地域がもつ地域特性の特徴を短く要約すると、表3のように表現できる。

　支援対象地域の固定電話ユーザーのすべてに対してヒアリングをすることは不可能であり、また不必要であるが、統計的に有意な形でサンプリングをする必要がある。本調査では、SLT の加入者リストからランダム・

表3　調査対象地域の地域特性

| | 地域 | 特性 |
|---|---|---|
| JBIC 支援対象地域 | コテ（Kotte） | 行政・住宅地域 |
| | アンゴダ（Angoda） | 住宅地域 |
| | モラトゥワ（Moratuwa） | 小規模ビジネス・住宅地域 |
| 非支援対象地域 | パナドゥラ（Panadura） | 工業団地 |
| | ホラナ（Horana 周辺） | 地方（農業・工場） |

（注）筆者作成。

サンプリングをした。一般に配布されている電話帳は地域ごとにユーザーが分かれているわけではないので、SLT がもっている交換機を起点とした電話回線網をもとにしたユーザーリストを使用した。

　上記のような考えにもとづき選択した五つの地域の SLT 固定電話加入者リストから、それぞれ 250 のサンプルをランダムに選んだ。後述するように、各地域の加入者数はおおよそ 2,000 から 25,000 の間であり、250 というのは、統計的に有意な水準を確保するための数である。

　なお、SLT の加入者リストは、世帯（家計）と企業が分かれてリスト化されており、それぞれを合計したものの中から 250 のサンプルをランダムに選択した。言い換えると、250 のサンプルの中での家計と企業のユーザーの比率は、その地域の家計ユーザーと企業ユーザーの比率と同じとなっている[10]。

　サンプルの分布（各地域・家計と企業）は、表4のとおりである。

　家計ユーザーと企業ユーザーとでは属性についての質問が異なるので（たとえば、家計の場合は所得、企業の場合は業種・雇用者数など）、異なる質問表を作成したが、電話の加入年、電話の利用目的、平均支払い電話料金、

表4　サンプル数とその分布（地域別、企業・世帯別）

| 地域 | 総加入者数 | | 選択サンプル数 | | 合計 |
|---|---|---|---|---|---|
| | 企業 | 世帯 | 企業 | 世帯 | |
| コテ Kotte | 4,792 | 25,756 | 38 | 212 | 250 |
| アンゴダ Angoda | 1,265 | 14,419 | 20 | 230 | 250 |
| モラトゥワ Moratuwa | 1,048 | 9,176 | 25 | 225 | 250 |
| パナドゥラ Panadura | 1,310 | 17,563 | 18 | 232 | 250 |
| ホラナ Horana | 128 | 1,943 | 15 | 235 | 250 |
| 合計 | 8,543 | 68,857 | 116 | 1,134 | 1,250 |

（注）筆者作成。

携帯電話の有無などはすべて共通である。質問表の内容については、専修大学チームでまず案を作成し、ローカル・コンサルタントのコメント、小規模のプリテストを経て、内容を確定させるという手順をとった。

　上記のような理由で、本調査にあたっては、世帯加入者については電話インタビューの手法をとることにした。企業加入者についてはサンプル数が比較的少なく、住所が特定しやすいので、直接インタビューによって情報を得るという方法をとった。電話インタビューは主として、世帯主が自宅にいる可能性の高い週末の午後 4 時以降に電話をかけ、実際、回答率は非常に高いものであった。

### （4）調査対象「世帯」の特徴——どういう人々・社会層か？

　世帯への直接ヒアリングによれば、2001 年以前に加入した世帯は比較的裕福な特殊な世帯が多い。たとえば、教育省や国防省、森林省に勤めている高級公務員や、国営企業部門のエンジニアなどである。2001 年以降の加入世帯は、より一般の世帯の加入が増大している。しかし、引き続き、全体として固定電話を保有する世帯が比較的裕福な世帯であることが推測される。たとえば、固定電話加入者の持ち家比率（賃貸ではなく自己所有の家に住んでいる世帯の比率）は、五つのどの地域でも高く（モラトゥワがもっとも低く 86.2％、ホラナが最も高く 97.3％）、平均で 94.1％である。また、固定電話加入世帯の職業をみると、JBIC 支援対象地域で民間企業や小規模ビジネス従事者が多いのは、コロンボ地域が都会で民間部門が発達していることを示すものでもある。

　また、固定電話に加入している世帯（911 世帯）のうち、57％（521 世帯）が携帯電話ももっている。固定電話と携帯電話の用途に大きな違いはなく、家族・親族や友人との連絡といった社会的なつながり・コミュニケーション目的に加え、仕事や商品の購入・販売に関連する通話目的にも使用されている。用途はほぼ同じであるが、携帯電話は外出時、固定電話は家庭内でという使う場所の違いがある。

## （5）調査対象「企業」の特徴——どういう企業か？

　本調査でランダム・サンプリングした企業の平均従業員数・設立年・固定電話加入年・回線数を五つの地域別に一覧にしたのが、表5である。

　この表は地域ごとの企業規模の違いをある程度示している。アンゴダは中・大企業もある工業団地を含む地域であるが、それ以外は比較的小規模な店舗が中心である。モラトゥワは、スリランカ一の家具・木材加工の地場産業があるところで、設立年（平均）が1977年と古く、また中規模の企業・工場・店舗が立地していることを反映している。ホラナは近郊の農村に位置し、電話加入年が比較的新しく、またパナドゥラは工業団地があるところで、平均従業員数157人と比較的大きな企業が立地していることが示されている。なお、コテで一企業（団体）あたりの固定電話回線数が多いのは、この地域で公的部門の団体が多いことによるものと考えられる。

　実際、固定電話の加入企業のセクター別にみると、固定電話と携帯電話の利用度にはかなり明確な違いがある。質問票では各企業のセクターを聞いており、図5は、各セクターの企業が固定電話と携帯電話の双方についてどのくらいの数の電話回線をもっているかを集計したものである。

　図5が示していることは、国営・公営企業は固定電話を中心に利用し、民間企業、特に商店や輸出入関連企業で携帯電話の利用度がきわめて高いことである。これは、詳細な企業ヒアリングの結果とも符会する。推測される理由としては、国営企業は、とりわけ初期において固定電話入手が容

表5　サンプル企業の従業員数・設立年・固定電話加入年・回線数 ( 地域別 )

| | 地域 | 企業数 | 従業員数<br>（平均） | 設立年<br>（平均） | 固定電話加<br>入年<br>（平均） | 固定電話回<br>線数<br>（平均） |
|---|---|---|---|---|---|---|
| JBIC 支援対象地域 | アンゴダ | 15 | 36.5 (300.7) | 1991 | 1996 | 3.3 |
| | コテ | 31 | 65.7 | 1991 | 1996 | 16.1 |
| | モラトゥワ | 20 | 34.2 | 1977 | 1991 | 3.5 |
| 非支援対象地域 | ホラナ周辺 | 12 | 30.6 | 1990 | 1999 | 1.9 |
| | パナドゥラ | 14 | 157.0 | 1991 | 1995 | 2.7 |
| 全平均 | | 92 | 106.5 | 1988 | 1995 | 7.3 |

（注）アンゴダは従業員数4,000人の大企業が一つ含まれており、それを除いた平均従業員数と含めた平均の両方を併記。

図5　セクター別にみた企業ユーザーの固定電話・携帯電話の数（合計）

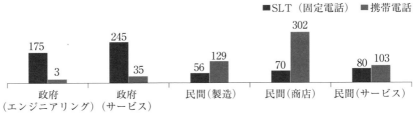

（注）企業・団体へのアンケート調査回答より筆者作成。

易であったこと。また、とりわけ初期において、SLT が国営部門であっ
たことから国営企業が固定電話のユーザーの中核であり、固定電話は公的
サービスの手段として使われてきたことが伺われる。

　他方、民間部門、特に貿易部門の企業のユーザーは、固定電話の回線数
は限定的で、携帯電話を数多く使用している。これも、直接ヒアリングの
結果と符合し、商店経営者や輸出入関連業の勤労世帯は、携帯電話をビジ
ネスに使っていることが多い。この両者の電話利用形態の違いは興味深い。

　企業ユーザーは、当然ながら固定電話をビジネス目的に使用し、携帯電
話もビジネスに使用することが多いが、携帯電話の使い方は企業によりば
らつきがある。詳細なヒアリングでも、中小ビジネスでは携帯電話は個人
的な連絡・コミュニケーションの手段であるとともに、ビジネス上の主要
なツールとしている場合が多い。他方、比較的多くの従業員を抱えている
企業は、携帯電話を社内従業員間の連絡用に使っている企業も多く、また、
社員各個人が私用に携帯電話を保持している場合も多い。

　一方で、企業にとって固定電話のサービスに対する満足度も高いが、携
帯電話のサービスに対する満足度もほぼ同様に高い。固定電話のメリット
については、①ネットワークが安定している、②FAX や高速インターネ
ットの利用が可能である（より適している）、③携帯電話より通話料金が安
い、というものであった。実際、携帯電話の方が時間単位の通話料金が高
いこともあって、料金に関しては固定電話に対する満足度の方が勝ってい
るという集計が出ていた（料金に関して固定電話に満足なのは49.4％、一方、
携帯電話に関しては25.0％にとどまった）。

## （6）より詳細な受益者インタビュー

　固定電話能力拡充が、どのような形で人々の生活の向上や経済の活性化につながるかについては、先にも述べたように具体的に数値で把握することはきわめて難しい。本調査では、受益者への詳細なインタビューを通じて、電話の普及によってどのような具体的効用が生じたか、生じているかを、いくつかの典型的な事例を基に整理することにした。

　固定電話ユーザーへの詳細なインタビュー調査は、2007年2月下旬および2007年7月下旬から8月上旬にかけて、スリランカのコロンボ圏で実施した。ランダム・サンプリングによる世帯・企業のユーザーリストから、五つの地域に関して満遍なく、また世帯に関しては特に所得層に偏りがないように、また固定電話の加入年度に特に注意しながら、訪問対象世帯を選択した。また、企業に関しては、ランダム・サンプルリストの企業数が少ないため、そのリスト内に限定せず、それ以外の企業についてもあらためてSLT固定電話の電話番号簿（企業ユーザー）から選択した。その際、特にスリランカの産業の現状を勘案して、代表的なセクター・業種の企業を選択し、また学校・病院・駅といった公営サービスについてもインタビューを実施した。

　以下の表6は、より詳細なインタビューを実施した世帯および企業の数を地域別、また種類別に整理した表である（世帯31件、企業33件、合計64件に達する）。

　また、インタビューを実施した企業については、製造業が中心であるが、製造業の業種をさらに細分化すると、アパレル・繊維・縫製業が計6社、家具の製造・輸出業が計2社（家具・木材の輸出入・販売業はさらに3社）、機械・電子・自動車部品などが計4社（これらの販売・輸出入業はさらに3社）、食品・素材の加工・輸出入業が計4社、の合計16社である。これは近年

表6　インタビュー調査の数（対象地域・種類別）

| | アンゴダ | コテ | モラトゥワ | パナドゥラ | ホラナ周辺 | （合計） |
|---|---|---|---|---|---|---|
| 世帯 | 5 | 5 | 9 | 5 | 8 | 31 |
| 企業 | 2 | 6 | 12 | 7 | 6 | 33 |
| （合計） | 7 | 10 | 21 | 12 | 14 | 64 |

（注）筆者作成。

のスリランカの主要産業に対応している。

## 第4節　世帯・個人へのインパクト

### （1）固定電話網整備の直接的効果――積滞の解消・改善

　JBIC による固定電話の回線拡大の事業が、固定電話回線の積滞の解消・改善に貢献したことはいうまでもない。その改善状況は、一般世帯・企業に単するアンケート調査でも明瞭に確認できた（事前－事後分析）。

　図6は、一般世帯が SLT の固定電話への加入申請をしてから、実際に回線が引かれるまでの待ち期間（月）を示した図表である。JBIC が支援した三つの地域で、JBIC の円借款で交換機が稼働し回線数が増えた 2001年を境に、平均待ち期間が大幅に短縮されたことがわかる（平均 16 カ月から 5 カ月に短縮）。非支援対象地域である二つの地域（パナドゥラ、ホラナ周辺）では、待ち期間がむしろ拡大している。

### （2）コミュニケーションの拡大

　世帯ユーザーの固定電話の最大用途・目的は、知人・家族・親類とのコミュニケーションである。

　1990 年代後半から携帯電話が徐々に普及し、2001 年には固定電話の数を凌駕し、その後急速な普及が進んでいる。2005 年には、携帯電話の普及率は約 19％に達し、固定電話の約 4.6% よりもはるかに大きい。その意

図6　固定電話入手（申請から開通）までの待ち期間（月）の変化

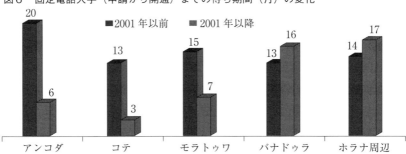

（注）アンケート調査回答より集計。

味で、固定電話そのものの役割は相対的には低下してきていることは否めない。

　しかし、近年でこそ携帯電話が普及してきているが、固定電話の普及率が低い時代から今日に至る過程で、電話の普及は人々のコミュニケーションの迅速化と拡大に役立っていることは間違いない。以下で時代を追って説明してみよう。

　固定電話普及の初期の時代では、固定電話をもつ世帯自体がまれであった。コミュニティの一部の世帯で固定電話が引かれると、その周辺の世帯も緊急の際にその固定電話を利用できるようになる。インタビューによると、1980年代はもとより、1990年代半ばでも、コロンボ圏でこうした状況であった（1995年時点の固定電話・携帯電話の普及率は合計でも1.8％にすぎなかった）。モラトゥワでは1987年に固定電話に加入した世帯が、その近所で最も早く固定電話を導入した世帯であると述べ（M－世帯）、アンゴダでも、1994-5年に固定電話を導入した世帯が近辺で最も早かったと述べ、固定電話導入世帯が増えたのは2000年以降とされる（A－世帯）。電話は相手に電話があっての通話であるので、まだ地方で電話がほとんど普及していない時点では、地方の親戚などへの連絡は、郵便局などの公的電話サービスのあるところに時間を指定して呼び出す形であった。

　その後、特に2000年以降、地方でも携帯電話やCDMAが普及した。特に2000年代半ばに地方で普及が急速に進んだのがCDMAである。地方では固定電話はあまり普及していないが、CDMAを安価に保有する世帯が拡大し、コロンボ圏から固定電話をかけ、地方ではCDMAで通話を受ける形が広まったのである。

　一般的には、電話の普及率が5-10％程度になることによって、電話によるコミュニケーションが格段に便利になると考えられ、これが「ネットワーク効果」を発揮するある種の「臨界点」であるように思われる。世界的に携帯電話の急速な拡大は先進国を含めほぼ同時期に起こっており、多くの途上国では1990年代の終わりから2000年前後に、電話普及率が5-10％に達する状況を迎えた。スリランカでは、固定電話・携帯電話をあわせた普及率が5％を超えるのが1999年後半、10％を超えるのが2002

年半ばであり、およそ2000年前後がこの「ネットワーク効果」の臨界点であった。

　ちなみにバングラデシュでは、2004年には電話普及率が5%未満であったが、2005年中に一気に10%に達した。インドおよびパキスタンでは2004年中に10%に達している。

## （3）インターネットの普及とその効用

　インターネットの利用自体は、電話回線を使ってではあるが広まってきていた。SLTの電子メールとインターネットの加入者数を比較すると、過去10年間（1996年から2006年）に830 → 21,224、554 → 59,908と爆発的な拡大がみられる。世界的なインターネットの拡大のスピードと遜色ないスピードである。

　また、ADSLは調査を実施した2008年時点ではまだ普及していない地域が多かったが、ADSLサービスも2003年から開始され、急拡大を見せている。例えば調査時点での統計では、2005年と2006年のSLTによるADSLサービスの加入者数は13,312人（2005年）→ 21,899人（2006年）と年率65%の伸びを示していた。近年の統計をみると、ブロードバンド加入者は、2010年の228,000人（普及率1.1%）から2014年には568,000人（普及率2.6%）に拡大している[11]。

## （4）収入の向上

　電話が世帯（個人）の収入の向上につながっているか否かは、統計的にはベースラインの所得が正確に把握できないため、明確ではない。しかし、世帯インタビューからは、間接的、また中期的に（3-5年のタイムスパンで）、世帯や個人のビジネスの拡大や職を通じた所得機会の拡大が生じているケースも多い。なお、以下ではインタビュー対象を記録する際、（　）内は、最初のアルファベット（左端）が地域名の頭文字、次（中央）が世帯・企業の区分を示している。

　実際、世帯ユーザーにインタビューする中で、個人・家族で小規模ビジネスを行い、固定電話を事実上そうしたビジネスに使っている事例も多

い。たとえばコテのある世帯では、自宅で中学生を相手に英語塾を開いており（写真参照）、英語教育の方法の一つとしてインターネットを活用していた（K－企業［英語塾］）。

K－企業［英語塾］

世帯・個人の収入の向上への効果は、基本的にはインターネットを通じた教育効果の累積によるものといえる。たとえば、モラトゥワでは、2001年にインターネットをはじめて以来、特に子供達がそれを使っており、子供達はその後大学を卒業して、ソフトウェア・エンジニアやグラフィック・デザイナーになったという事例もあった。インターネットに慣れ親しむことが役立ったとのことである（M－世帯）。また、インターネット利用世帯では、主として大学生や小中学校の子供がインターネットを使うことによって勉強・学習に役立つとの指摘があった（K－世帯）。

H－世帯［ゴム園］

また、農村地域のホラナ周辺は、ゴムのプランテーションでも有名な地域であるが、[12]ランダム・サンプリングしてインタビューした世帯の一つはゴム園の脇の家であった。この世帯は、後述する同地域にある大手のアパレル企業（Bodyline）の工場従業員や学校の昼食の製造を一家で行っており（写真参照）、1990-95年の電話がない頃には、注文取りに工場まで30分歩いており、緊急時は近くの家の電話を借りていた。しかし、1995年に固定電話を導入できた後は、そうした手順が電話で省略でき格段に便利になったという（H－世帯［ゴム園］）。

# 第5節　企業・団体へのインパクト

## （1）固定電話網整備の直接的効果——積滞の解消・改善

　企業ユーザーに関しても、JBIC 支援によって固定電話回線数が拡大した 2001 年以降、加入申請から実際に回線が引かれるまでの平均待ち期間（月）が大幅に短縮していることが、表7からわかる。

表7　固定電話接続までの平均待機期間（月）の短縮

| SLT 加入年 | 最初の回線 | | 2つ目の回線 | |
|---|---|---|---|---|
| | 企業数 | 平均待機期間(月) | 企業数 | 平均待機期間(月) |
| 2001 年以前 | 64 | 20 | 25 | 15 |
| 2001 年 | 5 | 2 | 2 | 1 |
| 2002 年以降 | 21 | 6 | 19 | 3 |
| 回答なし | 2 | | 46 | |

（注）JBIC 支援対象の三つの地域（アンゴダ、コテ、モラトゥワ）の集計。

## （2）公共サービスの向上

　先に述べたように、固定電話の主要なビジネスユーザーは、歴史的には国営部門であった。スリランカでは、国営の SLT が 1960 年代から主要な国営部門に固定電話を優先的に導入してきた。それ以外の個人ユーザーは政府高官といったごく一部の世帯に限られており、いいかえれば政治的な考慮により固定電話回線の配布が行われていた。今回の調査でも、学校・病院・郵便局・鉄道の駅などの公共サービス機関を訪問したが、いずれも固定電話は古くは 1960 年代頃から導入されているケースが多い。

　多くの場合、その地域の主要な事業所に 1 回線のみが設置されるというのが始まりである。主要な郵便局や駅には固定電話の公衆電話サービスがあったが、相手方に固定電話があるわけではないので、この拠点（郵便局や駅）での固定電話は、伝言メッセージを残し、それを相手方に電報や書簡の形で伝えてもらう形か、時間を指定して相手方に近い場所の拠点の固定電話に来てもらうといった形であった（M－企業、P－企業）。

　近年、固定電話の普及やデジタル化によって、郵便局での通信サービスも向上してきている。パナドゥラの拠点郵便局では、公衆電話サービスに

加え、1998年にはFAXや送金のサービスを開始し、2000年からは、窓口にパソコンを設置しそれを使ったインターネットおよび電子メールのサービスを開始した。2007年からは、電話を使ったクレジットカード決済サービスを始めている（P－企業［郵便局］）。

　鉄道の駅では、伝統的に駅間に鉄道のケーブル回線を使った専用回線を設置しており、固定電話は外部との連絡用であった。公衆電話および電報サービスは以前からあったが、鉄道の駅では、先の郵便局のような電話を使ったサービスの向上はみられず、むしろ携帯電話の普及で、公衆電話・電報の拠点としての機能・役割は低下している（M－企業－5）。

　学校の場合、地域の拠点校にのみ固定電話があり、周辺地域の他の学校までは手紙や急ぎの場合は伝令を走らせるといった連絡方法をとり、この方法は1990年代末まで続いていた。モラトゥワの小・中学校でも、一つは1999年に、もう一つは2000年にはじめて固定電話回線が引かれた（M－企業［学校1］、M－企業［学校2］）。これらの学校はいずれも拠点校であるので、拠点校以外の学校への固定電話の普及は2002年以降のようである。しかし、これによって学校間の連絡は格段に良くなったという（M－企業［学校2］）。また、教員や生徒の世帯への電話の普及にともなって、教員の欠席の届けや生徒の親からの欠席の連絡などを電話で受けることが多くなった。2002年頃までは、こうした連絡は直接誰かを連絡にやらせるか、電報での連絡であることが多かったとのことである（M－企業［学校1］）。

### （3）ビジネスの拡大

　コロンボの調査対象として取りあげた五つの地域は、その地域の産業や電話サービスの展開状況が異なるそれぞれに特徴のある地域である。したがって、以下では、そうした地域的な特性や地域ごとの電話サービスの状況や課題をふまえながら、固定電話が地域のビジネスとどのように関係しているかについて整理しておこう。

　① モラトゥワは、コロンボの中で（あるいはスリランカ全体の中で）昔から有名な家具の製造・販売の集積地であり、伝統的な地場産業の拠点の

典型的な固定電話「3点セット」

M－企業［材木商］

一つである。材木商や家具商が集積し、それに関連する電気工具店やオフィス関連業者が多数存在する。[13]

　多くは、中小の比較的規模の小さい業者・店舗であり、固定電話の使い方としては一定の決まったパターンがあり、通話用の固定電話が一つ、FAX用に一つ、インターネット用に一つというこの「3点セット」がもっとも一般的な使い方である（1本の回線をこの三つに共用する）。

　近年こうした中小の企業の数が拡大しているといい、材木商も近年は同業者が次々と増えているという。また、それにもかかわらず事業は拡大しており、同業者が増え、関連ビジネスが拡大することによって同業者や関連業者が更に集積してくるメリットがあるようだ（M－企業［材木商］）。その意味で経済活動の集積効果に基づく好循環が生まれている。こうした経済の拡大と固定電話がどの程度関連しているかは数値的に把握しがたいが、この地域で電話回線数が拡大された2002年以降の時期とビジネスの拡大時期が並行していることは確かである。

　② アンゴダは小規模な店舗が並ぶ商業区域であり、中規模の企業の工業団地もあるが、他の地域とは少し事情が異なる。2006-07年にCDMAを提供する電話会社であるSuntelが販売促進を強化し、SLTの固定電話を解約して別会社に乗り換える企業が続出していた。SLTの固定電話を残している企業もSuntelのCDMAを併用していた（A－企業［事務機器

販売])。2006年時点でのSLTの電話番号簿（企業リスト）でランダムに電話をかけるとすでに回線が存在しない企業がかなり多く、電話サービスのプロバイダー間の競争の激化と顧客の奪い合いの度合いは想像以上に大きな面があると思われる。

　また、携帯電話事業体のDialogue（マレーシア資本）の企業部門への浸透もきわめて急速であり、中規模以上の企業にとって、SLTの固定回線は1本あれば良く、それ以外は従業員全員に携帯電話をもたせるというビジネスモデルが一般的に普及し始めていた。

　③ JBICの支援事業の対象外であるホラナ周辺では、また事情が異なる。この地域には、大規模なアパレル関係の大企業がいくつか存在する。そうした企業の代表的例であるBodylineという女性下着メーカーの工場をインタビューしたが、こうした大企業は他地域・他国の関連企業との連絡は独自の通信ネットワークを構築しており（写真参照）、SLTの固定電話網に頼っているわけではない。企業内の連絡用にはDialogueのような携帯電話の企業パッケージで、きわめて安価に従業員間の通信・連絡を行っている（H－企業［アパレル工場］）。

　中小の企業にとっては、固定電話を使ったビジネスの形態（すなわち通話用回線+FAX+［電話回線を使った］インターネット）はやはり一般的で重要である。筆者のインタビュー対象企業でも、たとえば、プラスチック廃品回収・再生業や（H－企業［プラスチック再生業］）、稚魚を海外に輸出する企業（H－企業［稚魚養殖］）などは比較的小規模で、固定電話回線の拡大をもとにビジネスが拡大していた。ただし、この地域はJBICの支援対象にならず、SLTが自己資金で設備増強による回線数の拡大を実施し、その際デジタル化や回線の質の面での対応が遅れ

H－企業［アパレル工場］

H－企業［プラスチック再生業］

ていた。そのため、雨が降った際の断線や音質の悪化、また ADSL サービスが提供されていないことなどから、SLT の固定回線をビジネスの核として使っている企業には不満も少なくなかった（H－企業［真鍮製品製造]）。

④ パナドゥラは JBIC の円借款の支援対象外の地域であるが、1990 年代半ばにノルウェーが無償援助で固定電話を敷設した工業団地があり、また更に 1990 年末になって、世銀が固定電話回線の拡充を支援し、そのためこの地域には大きな工業団地が形成されている。主要な業種はアパレル・縫製業やオートパーツなどの製造・加工・輸出業が

P－企業［アパレル製造]

立地している。企業規模に関しても比較的大きな企業が多数あり、我々のインタビューした企業の中にも従業員 550 人（P－企業［アパレル製造]）、350 人（P－企業［オートバイ製造]）といった比較的規模の大きい企業・工場が含まれる。これらの企業は電話網整備とともに設立・進出してきた企業であり、固定電話回線をFAX やインターネットとともに活用しており、たとえばあるアパレル企業は、欧州の顧客との写真・デザイン等のやりとりにインターネットや電子メールを使用している（P－

P－企業［家具製造]

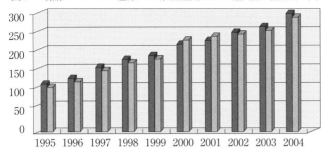

図7　繊維・アパレル産業の工業生産高および輸出額（全国、単位：10億ルピー）

（注）スリランカ中央銀行、*Economic and Social Statistics of Sri Lanka 2005* より筆者作成。なお、2000-2001 年において輸出額が工業生産高を上回っているのは、本統計が再輸出を含むためである。

企業［アパレル製造］）。SLT はこの地域では 2007 年初頭の時点では ADSL サービスを提供しておらず、この地域のこれらの企業にとってこれが大きな不満の種であった（P‐企業［アパレル工場］［オートバイ製造］等）。

　ちなみに、繊維・アパレル産業はスリランカの産業の中核を占めており、スリランカの輸出高のおよそ半分を占める一大輸出産業である。図7は、繊維・アパレル産業の工業生産高および輸出額（全国）を示したものであるが、1990 年代半ばから 2000 年代半ばまでの 10 年間に、着実かつ急速な拡大がみてとれる。

　また、その他の木材・木材加工・家具、金属加工・機械・輸送機器（自動車部品等）、その他の製造品（電子機器等）といった産業は、繊維・アパレル産業よりは産業規模が小さい（およそ一桁小さい）が、いずれも 2000 年代に急速な伸びをみせていた産業である。


## （4）新しいビジネスの発生

　実のところ、電話通信能力の拡大によって、新しいビジネスが登場しているかどうかはかならずしも明らかではない。先進国では電気通信分野の技術進歩によって、いわゆるコンピューターやソフトウェア産業を含めた広義の「ICT 産業」の急成長という現象が指摘されているが、スリランカでは、調査時点では、携帯電話を含めた電話は急速に普及してきていたものの、コンピューターが各家庭に広まっているというわけではなく、ま

たソフトウェア産業が発展しているわけでもない。あくまでも電話回線を通じたコミュニケーション手段の拡大である。しかし、そうした段階でも、以下のようないくつかの具体的なインパクトの事例がみてとれた。

### ①産業誘致型の工業団地の基礎インフラ提供

調査対象地域のうち、すでに述べたようにパナドゥラは、1990年代にノルウェーが固定電話回線を整備したことを基礎として工業団地ができた。この地域の工業団地への進出企業は、いずれも電話回線の敷設を前提として工場設置を決めている（P‐企業［アパレル製造］［医療用テープ製造］）。

パナドゥラの工場前の電話線・電線（P‐企業）

また、スリランカ政府は地方の各地域で工業団地を設置する政策をとっており、ホラナの工業団地にも、2000年前後のSLTの固定電話回線の拡大に合わせていくつかの企業が進出してきた（H‐企業［真鍮製品製造］［履物卸販売］）。安定的な固定電話による通信インフラは、とりわけ海外との取引のある企業にとっては不可欠の基礎的インフラであり、それなくしてはビジネスが成り立たない。

### ②公衆電話ビジネス

公衆電話ビジネス（K‐企業）

電話の普及にともなって、その普及過程の初期には公衆電話ビジネスが発展する。電話ネットワークが拡大し、その便利さを知って人々が電話をかけたがるが、まだ回線数が少なく通話を切り売りする公衆電話ビジネスで利益

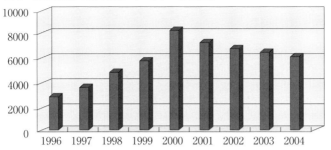

図8　公衆電話の数の推移（スリランカ全土）

（注）スリランカ中央銀行、*Economic and Social Statistics of Sri Lanka 2005* より。

が出るからである。スリランカでも、1990年代にはそうしたビジネスが急成長した。

　しかし、2000年代に入って携帯電話が安い価格で急速に普及し、それまでの公衆電話ビジネスも伸び悩み、筆者がインタビューした公衆電話ビジネス業の店も客が減少し、代わりに電話のプリペイド・カードの販売が伸びていた（K‒企業［履物卸販売］）。実際、公衆電話の数（全国）は図8のように、2000年をピークに減少に転じ、この時期は先に述べた電話普及率が5％を超えた時期とまさに一致する。

### ③電話を使った新しいサービス——ADSLや電子決済の拡大等

　ADSLサービスの提供は、ほとんどすべての企業が切望していた。とりわけ輸出関連の比較的規模の大きい企業にとっては高速のADSL回線は不可欠であり、この点での要望はSLTに対する企業側の要望の筆頭項目であった。前述のように、SLTも2000年代半ばには、ADSLサービスを提供し始めたが、その回線のスピードや質にはまだ不満も多く、課題も多いのが実情であった。

　電話を使った新しいサービスの一つとして、電話回線を使ったクレジットカード決済の進展がある。パナドゥラのバティクの製造販売店では、2002年に銀行（HSBC）がクレジットカード決済機材を設置した（P‒企業［バティク製造］）。

## 第6節　まとめ——通信アクセスのインパクト

　以下で、受益者調査（統計的に有意な規模の調査、および詳細なインタビュー調査）の結果を踏まえ、コロンボ首都圏における固定電話拡張事業のインパクトを、世帯（個人）および企業（団体）に分けて整理しておこう。

### （1）世帯（個人）へのインパクト

　一般的に、固定電話普及率と HDI（人間開発指数）との相関が高いと指摘されるように、電話普及の世帯（個人）へのインパクトとしては、所得の向上、教育や保健医療サービスへのアクセスの改善、食糧や水へのアクセスの改善などが考えられる。スリランカは、開発途上国の中では、教育や保健医療関連の指標がもともと高く、食糧や水へのアクセスの観点でも、都市部であるコロンボではあまり不自由な状況ではない。したがって、世帯へのインパクトとして、電話普及によるコミュニケーションの拡大そのものがもつ社会的な意義や、個人・世帯の所得への中長期的な影響が、そのインパクトの中心的な経路としてとらえられる。

　実際、第2節でみたように、固定電話の加入者は、スリランカの平均的な所得（年収約 1,000 ドルの水準）を少し上回る所得層が中核である。そうした人々にとって、電話の便益は主として家族・親戚・友人とのコミュニケーションであり、また日常の商品の購買や学校、あるいは職場との連絡の手段である。また、小規模なビジネスを世帯で行っている場合も少なくなく、そうした場合、仕事上の用途にも使われる。

　その意味で、電話の最大の便益は「ネットワーク効果」であり、第3節の世帯インタビューでも明らかになったように、電話普及率が 5-10% を超えた 2000 年前後から、電話によるコミュニケーションの便益が広く社会全体に享受されるようになったといえる。JBIC による支援で固定電話回線が拡大されるのは実質的には 2001 年以降であるが、その意味で、JBICによる電話回線拡張事業は、こうした「ネットワーク効果」の発現を後押しした意義があったといえるだろう。

また、電話による世帯（個人）の所得拡大へのインパクトは、かならずしも直接的には検証することはできない。コロンボ地域の所得は JBIC の事業期間である 1990 年代末から 2000 年代前半にかけて着実に伸びており、その意味で互いに相関しているが、それと固定電話との因果関係はマクロ経済的には証明しがたい。むしろ、第 3 節で例示したように、固定電話を通じてインターネットも普及し、世帯内でインターネットに慣れ親しんだ若い世代が、中長期的に ICT に関連する職業につくといった形で影響していると考えられる。

## （2）企業（団体）へのインパクト

　他方、電話が企業（団体）に与えるインパクトとしては、電話によってビジネスが促進されたり、あるいは公的部門（学校・病院・郵便局等）の場合、電話による連絡が容易になることによって、より良い社会的サービスが提供できることにつながることが考えられる。実際、スリランカにおいては、固定電話は歴史的に公的部門において優先的に提供され公益のために使われてきた。近年の電話による世帯・個人を含む「ネットワーク効果」の発現とあいまって、学校や病院と世帯との連絡は容易になり、また郵便局を拠点とした公衆ネットワークサービス（FAX やインターネット、電子決済等）も、2000 年を超えた辺りから急速に拡大した。ただし、公的部門では政府の予算不足から固定電話の使用料に制限が課されており、このことは低料金の通話が魅力である固定電話の有効な活用を妨げている面があった。

　その一方、固定電話回線の拡張は、ちょうどスリランカの民営化・規制緩和推進の時期と重なっている。すなわち、1990 年代半ば以降、公的部門の民営化や民間部門の活性化が図られ、この時期に固定電話回線が拡張されたことで、民間企業の固定電話加入が促進され、また民間企業はこの固定電話回線をそのビジネスの基礎インフラとして活用し、とりわけ輸出に関連する工業部門が発展してきた。ただし、固定電話網の拡充とスリランカの産業・輸出の拡大とはマクロ的には相関はあるが、それをもってその両者の間に明確な因果関係を証明できるわけではない。

　しかしながら、コロンボ市内および周辺の企業へのインタビューをとお

して、特にスリランカの産業の中核を担っている繊維・アパレル産業や木材加工・家具といった分野の中小企業にとって、固定電話がそのビジネスにとって不可欠の基礎インフラであること、特に海外との取引において固定電話を通じた FAX やインターネットが重要な意味をもっていることが明瞭に示されていた。1990 年代末以降の固定電話網の普及とそのデジタル化は、JBIC だけが支援したわけではなく、地域によっては世界銀行や ADB（アジア開発銀行）も支援しているが、これらはいずれもスリランカの産業発展と輸出の拡大に貢献してきたといえるであろう。こうしたビジネス、とくに比較的規模の大きな企業にとっては高速の ADSL 回線に対するニーズが高く、こうした高速の ADSL サービスは 2000 年代半ばに開始されはじめた状況であり、地域によってはいまだ提供されていなかった。

　また、「ネットワーク効果」が 2000 年頃を境に急速に広まり、産業の拡大にもつながってきたとはいえ、先進国で生じているような「ICT 産業の拡大」や「コンピューター・ネットワーク社会」はまだ実現してはいない状況であった。それは、電話普及率が 2007 年時点で 20％を超えたといっても、コンピューターが各家庭にまで浸透していなかったことによる。それは次のステージであるが、ICT 革命のスピードは速く、スリランカにおいても 2010 年代半ばには、こうしたコンピューターの普及まで進んでいくことになるのである。

## ◆コラム◆ 内戦と津波の影響

　スリランカの一人あたり所得（GDP）は 2015 年時点で 3,924 米ドルであり、インドやパキスタンの 2 倍以上であり、フィリピンやインドネシアより高く、教育や保健衛生状況も比較的良い。有名な紅茶の生産・輸出のほか、ルビーなどの宝石や香辛料などの天然資源にも恵まれた国である。しかし、本調査を実施した 2007 年はまだ内戦中であり、コロンボ中心部で時々 LTTE によるゲリラ的攻撃があった。筆者がコロンボ中心部のホテルに宿泊している最中にも、夜中に LTTE のセスナ機による大統領府を狙った爆弾攻撃があり、政府軍の対空砲火があった。また、それに先立つ 2004

年12月には、スマトラ島沖の大地震に伴う津波がスリランカの海岸を襲い、海岸の家々も大きな被害を受け、2007年時点ではまだ家が流されたままになっている場所もかなりあった（右の写真）。2009年にLTTEを軍事的に制圧し内戦が終結して以降は、外国人観光客も急増し着実に経済が発展している。平和と安定が経済発展にとって何よりの前提条件であることを示しているといえよう。

コロンボ中心部の政府軍の見張り塔

津波被害にあった南西部の海岸

注
1　JBIC『スリランカ・コロンボ首都圏電気通信網整備事業・評価報告書』2007年。JBIC「特定テーマ評価：通信セクターにおける民営化の効果——スリランカとバングラデシュ」2007年。および、JBIC『通信サービスへのアクセスの家計・企業へのインパクト－バングラデシュ・スリランカ』2007年。いずれも専修大学が評価調査を受注。なお、現地調査は2006年10月、2007年2月および2007年4月の3回にわたって実施した。
2　「アジアの経済成長におけるICTの寄与」『KDDI総研R&A』2004年9月、1-12頁。
3　インタビュー、外務省、JETRO資料等に基づく。
4　1999年のNTTの分割後はNTTコミュニケーションズへ移管。
5　NTTコミュニケーションズは2008年に、その保有するSLTの全株式（35％）をマレーシアの投資会社のGlobal Telecommunications Holdingsに譲渡し、スリランカの電話通信事業から撤退した。
6　なお、為替レートは審査時の1Rs=2.09円が結果的に1Rs=0.75円になり、大幅な円高が生じた。
7　JBICは2006年度の円借款事業事後評価として、スリランカ「コロンボ首都圏電気通信網整備事業」、およびバングラデシュ「大ダッカ圏電話網整備事業（II）」の事後評価を実施し、専修大学が評価業務を行った。

8 　本章は「特定テーマ評価」として、本事業による「通信サービスへのアクセスが世帯や企業に与えるインパクト」についてまとめた調査報告書をもとに書き直したものである。

9 　日本のODAで取り入れられてきた代表的なものに、PDM（プロジェクト・デザイン・マトリックス）を主要な枠組みとしたPCM（プロジェクト・サイクル・マネージメント）手法がある。

10 　結果として、各地域の企業ユーザーのサンプル数が少なくなってしまい、地域ごとの企業特性を把握するにはやや不十分な数となってしまった。各地域につき少なくとも50のサンプル抽出という方法をとるべきであった。ただし、全サンプル数の116は統計的に有意な水準の数である。

11 　ITU, *World Telecommunication/ICT Indicators Database*, 2015. より。

12 　資料によれば、この地域の土地面積の39％がゴム園とのことである。

13 　モラトゥワは典型的な商業地域で、労働者の42％は民間企業、15％が公務員、26％が日雇いなどの非熟練労働者とされ、農業従事者は1％以下である。この地域の人口は2006年に188,080人で、2001年の177,190人から5.8％増加している。

［参考文献］

Aminuzzaman, Salahuddin, et al.（2003）, "Talking Back! Empowerment and Mobile Phones in Rural Bangladesh: A Study of the Village Phone Scheme of Grameen Bank." *Contemporary South Asia*, Vol.12, No.3.

Dasgupta, Susmita, et al.（2005）, "Policy Reform, Economic Growth and Digital Divide." *Oxford Development Studies*, Vol.33, No.2.

Richardson, Don, Ricardo Ramirez, Moinul Haq（2000）, *Grameen Telecom's Village Phone Programme in Rural Bangladesh: A Multi-Media Case Study*, Canadian International Development Agency（CIDA）.

アハメッド、アシル・大杉卓三編『BOPを変革する情報通信技術——バングラデシュの挑戦』集広舎・中国書店、2009年

国際協力銀行（専修大学受託）『スリランカ・コロンボ首都圏電気通信網整備事業・評価報告書』2007年

国際協力銀行（専修大学受託）『特定テーマ評価・通信セクターにおける民営化の効果——スリランカとバングラデシュ』2007年

国際協力銀行（専修大学受託）『通信サービスへのアクセスの家計・企業へのインパクト——バングラデシュ・スリランカ』2007年

サリバン、ニコラス・P『グラミンフォンという奇跡——「つながり」から始まるグローバル経済の大転換』英治出版、2007年

佐藤彰男・チョドリ、I.U.・坂本真司・鳩貝耕一『ヴィレッジフォン——グラミン銀行によるマイクロファイナンス事業と途上国開発』御茶の水書房、2010年

# 終章
# 開発学の中での本書の位置づけ

## 1. 途上国での社会調査と開発学

　本書の第1章から第6章まで、カンボジア、東ティモール、ベトナム、フィリピン（ミンダナオ）、パキスタン、スリランカの6カ国の住民の経済社会生活の実態を、アンケート調査やインタビュー調査をもとに紹介してきた。

　ここまで本書を読んでいただいた読者の中には、こうした調査研究がどのような学問分野に分類されるのか、疑問ないし関心をもった方もいるのではなかろうか。

　本書は社会調査手法や援助事業評価の手法を紹介することに焦点をあてたものではなく、その意味では社会調査論や政策評価論の専門書ではない。しかし、たんなるフィールド調査ではなく、具体的な集計数値が得られるような調査手法を通して、より客観的に途上国の経済社会の実態把握をすることの意義を具体例をもって示すという目的をもち、広義には途上国で社会調査を実施した事例研究と位置づけられよう。

　他方、内容的には、これらの事例研究は社会学の分野なのか、（開発）経済学の分野なのかという問いもありうる。アジア各国の生活の質の国際比較を行った「アジア・バロメーター」という調査研究があり、その研究を主導した猪口孝は、その書『データから読むアジアの幸福度——生活の質の国際比較』の中で、それを統計的手法を使った科学的な政治学の業績と位置づけている。筆者の立場は、次のようなものである。

　開発論はもともと、社会学、経済学、政治学など、さまざまな学問分野

の分析の視点や手法を総動員して、開発のメカニズムや現実を分析し、あるいは生活向上やより良い社会にするための政策・アプローチなどを研究する学際的な学問分野であり、本書も、社会学、経済学、政治学などさまざまな学問分野の分析概念や蓄積をふまえて、アジアの途上国社会と開発状況を分析したものである。

　また、開発援助の実務上も、途上国の住民の生活実態を客観的に把握することは必須である。そのためには、社会調査手法は有益ないし必須であるし、開発学に関連するさまざまな学問分野の蓄積は有益ならば何でも活用する。筆者は、過去 10 年くらいの間に、JICA や（旧）JBIC や外務省のさまざまな ODA 事業の評価に関わる機会を得ることができ、少なからぬ数のアンケート調査やインタビュー調査を実施してきた。そうした経験は、途上国社会の現実の姿を知る上で、また、評価の科学的手法に習熟する上で、とても有益であった。

## 2．住民生活の実態調査としての意義

### （1）「幸福度」「暮らしの質」研究

　アジアは多様である。本書でとりあげた 6 カ国は、たとえば宗教をみても、カンボジアとスリランカは仏教徒が大半、東チモールはキリスト教徒、フィリピンのミンダナオはキリスト教徒とイスラム教徒が混在、ベトナムは社会主義で形式的には無宗教、パキスタンはイスラム教の国であり、それぞれの国の文化や歴史も大いに異なる。しかし、いずれの国・地域も開発途上の国であり、生活の改善・向上やより良き社会をめざして改革を進め努力している国である。実際、いずれの国も近年、急速な経済発展をとげ、社会変化・改革の波の真っただ中にある。都市部を中心に急速なグローバル化や近代化の波に洗われ、より貧しい農村でもいろいろな制度改革が進み生活環境が改善しつつある。

　学問的な研究動向に目を向けると、近年、「幸福度」を指数化したり、それに影響を与える要因を分析したりする研究も進められている。また幸福度が多分に主観（認識）に影響される概念であることから、社会厚生（social wellbeing）という用語を使い、より具体的な把握をめざす調査・研究も広まってきている。たとえば、日本では、先の猪口孝や、高坂健次、小塩隆士などの業績があり（猪口、2014）（高坂、2008）（小塩、2010）、国際的には、ジョセフ・スティグリッツらによる「Measuring Our Lives（暮らしの質を測る）」が有名である（Stiglitz et al., 2010）。

　スティグリッツの本では「何がよい社会をつくるのかを理解することが社会科学の中心課題である」と述べられており、「暮らしの質」を把握し分析するために、「社会的つながり（social connections）、政治的発言（political voice）、および不安定さ（insecurity）を計測する、確固とした信頼できる手法を開発し計測を行うことに、特に大きな努力を払うべきである」と主張している。

　本書でとりあげた六つの事例は、いずれもそれぞれの国・地域の住民の「暮らしの質」の状況を、統計的に把握可能なアンケート調査などの手法などを使い、可能なかぎり数値的に把握できる形で分析し、どのようにそれが変化しているかをとらえようとしたものである。また、そうした社会変容の努力の過程で、どのような経済社会制度改革がなされつつあり、あるいは外部からの支援が途上国の現場にどのような経済社会的なインパクトを与えているのかについて、アンケート調査や直接インタビュー調査などを通じて可能なかぎり具体的な状況を把握し、その実態を読者に伝えようとしたものである。

## （2）共通する社会関係資本と社会変容の特徴

　本書でとりあげた事例をふまえて、途上国で社会調査を実施することからみえてくるものは何であろうか。それらの事例に共通する社会的な制度や住民の生活向上の取り組みの特徴は何であろうか。以下で、6カ国で実施した現地調査を通じてえられた印象をまとめておくことにしよう。

　第1の共通する特徴は、当然のことながら、途上国には伝統的な農村社会が残存していることである。

　農村社会に住む住民にとって、家族・親族やコミュニティの住民とのつながりはとても重要である。カンボジアの農村や東ティモールの農村では

そうした伝統的な「結合型社会関係資本（bonding social capital）」が強固であることがアンケート結果にも明確にあらわれている。ただし、見逃してはならないことは、こうした伝統的な社会制度のもとでの結合型社会関係資本の存在は、まだ近代的な制度が普及していない状況の中で生活していくためには有効なものであり、さまざまな社会的制約の中で人々が自分達の利益・生活を増進するための合理的な選択・行動の結果でもあるということである。

　ベトナムの北と南のいずれの農村でも、社会主義の相互扶助の制度と重なりながら伝統的な結合型社会関係資本が維持されている。南ミンダナオの住民組織やパキスタンの農民組織でも、伝統的なコミュニティを基礎に地域住民の生活向上のための組合活動が強化されているとみることができる。いずれの国でも農村において近代的な制度づくりが進む一方で、組合組織（ベトナム）、住民組織（南ミンダナオ）や農民組織（パキスタン）の強化といった生活向上のための組織の機能の強化は、伝統的な農村の村落共同体を基盤としながら進められているのである。

　第2の共通する特徴は、そうした伝統的な社会関係が残っている一方で、生活の向上・進歩とその変化のスピードはとても速く、グローバル経済の波に洗われながら近代化が急速に進んでいる面もあることである。

　カンボジアでも、都会に近い地域では人の移動も頻繁になり、職業や政府機関を通じた近代社会の性格をもつ「橋渡し型社会関係資本（bridging social capital）」が強くなってきている。ベトナム社会でも、特に資本主義の経験をもつ南部のコミュニティでは、市場経済と結びついた農業が主流となっている。スリランカの事例でとりあげたように、2000年を過ぎたころから携帯電話が急速に普及し、コミュニケーションの手段と社会の様相は急速に進化し、先進国が約1世紀かかってきたプロセスを約10年で一気に進めてしまった。

　こうした現象は、いわゆる「リープ・フロッグ（蛙跳び）」現象（先進国が遂げてきた発展過程をテクノロジーの活用により一段跳びで抜かす現象）と呼ばれる。携帯電話通信によるコミュニケーションの緊密化と情報の入手の容易化のみならず、イー・コマース（e-commerce：電子商取引）やフィンテッ

ク（fin-tech：金融技術）の進展による、店舗なくしての物資の販売・取引や銀行口座を介しない商取引を可能とするようになっている状況は、いずれの途上国においても多かれ少なかれみられる現象である。

第3の共通する見逃せない現実の一つの側面は、「政治」の影響が村の中の生活にも深く入り込んでいることである。

カンボジアの「生活上のリスク」認識の一つとして「戦争／政治的混乱」に言及した人の比率は、都市近郊でも農村でも95%を超える高い比率を示している。この数値は、かつてのポル・ポト時代の悪しき記憶（トラウマ）が残存していることを示すとともに、現在の与党である人民党が安定した政権の重要性を訴える選挙キャンペーンの一つとして、「政治的な分裂と混乱はかつての内戦への逆戻りをもたらす危険がある」ことをアピールしている影響もないとはいえない。また、ベトナムの相互扶助制度は、政府が組織する人民委員会を中核とし村をその末端組織として機能している点で、ベトナムの社会主義制度と密接不可分である。逆に、パキスタンの農民組織はベトナムのような社会主義的な制度とは異なり、各々のコミュニティの自治的な性格をかなり強く有しているが、その反面、地元の有力政治家やより大きな資産を有する農民が主導する、地方の「ボス政治」の様相を呈している面もないとはいえない。南ミンダナオの住民組織も、約100-200世帯程度の小さなコミュニティではあるが、政府の末端組織である「バランガイ」としての村長を中心とする村の政治と、事業の受け皿としての利権システムは密接に絡んでいるようにみえた。

## 3．本書の意義と課題

本書でとりあげた事例では、社会調査論の観点からすれば、アンケート調査のサンプル数が統計的に有意な規模に達していない事例もあり、調査や分析が不十分で満足できるものになっていない点もある。特に、「暮らしの質」がどのような要因に決定されるか、左右されるかといった論点について、住民の属性や異なる質問・回答間のクロス分析などを通じて明らかにする作業は、ほとんど手をつけられていない。また、直接インタビュ

ーに関しても、本書の各章でとりあげられている事例では、断片的に紹介されているにとどまり、生活の質に影響を与えるさまざまな要因間の関係を説明するうえで、どのような意味をもっているかを体系的に説明する形にはなっていない。

さらにいえば、本書でとりあげた六つの国・地域の六つの事例は、あらかじめ理論的な必然性があって選ばれたものではなく、筆者が詳細な現地調査をする機会をえることができた国を、アジア地域という地域的な枠の中で順に紹介している形をとっている。その意味で、学問的な言い方をすれば、いずれも anecdotal evidences（それぞれ異なる条件のもとで生起した事例から得られた経験的な事実の集合）であり、これら六つの事例から横断的にいくつかの結論を導き出すとしても、それが普遍的真実であることを証明するものとはいえない。

しかし、そうした学問的な意味での限界はあるにせよ、いずれの事例もまったくオリジナルな調査研究であり、また本書で紹介したような現地でのアンケート調査やインタビュー調査を開発途上国で実施することはけっして容易な作業ではなく、実施できたこと自体が貴重な実績である。その意味で、これまでの研究者としての研究生活、およびこの 10 年間の開発コンサルタントとしての調査経験で得た現地の情報を、本書を通じて一般に紹介することは決して無駄ではない、むしろ必要な意味のあることだと信ずるものである。

また、本書でとりあげた事例を通じて、開発途上国の現場の姿や住民の状況がより理解され、今後の開発途上国研究を深めることに何らかの形でつながっていくことになれば、筆者としては大きな喜びである。

［参考文献］

Stiglitz, Joseph E., Amartya Sen, and Jean-Paul Fitoussi（2010）, *Mismeasuring Our Lives: Why GDP Doesn't Add Up*, The New Press.（福島清彦訳『暮らしの質を測る——経済成長率を超える幸福度指標の提案』㈳金融財政事情研究会、2010 年）

稲葉陽二『ソーシャル・キャピタル入門』中公新書、2011 年
猪口孝『データから読むアジアの幸福度——生活の質の国際比較』岩波書店、2014 年

猪口孝、田中明彦、園田重人、ティムール・ダダバエフ『アジア・バロメーター』明石
　書店、2007 年、2009 年、2011 年
小塩隆士『「幸せ」の決まり方――主観的厚生の経済学』日本経済新聞社、2014 年
グラハム、キャロル（多田洋介訳）『幸福の経済学――人々を豊かにするものは何か』
　日本経済新聞出版社、2013 年
高坂健次編『幸福の社会理論』放送大学教育振興会、2008 年

# あ と が き

　本書で取り上げた 6 カ国の事例の現地調査に関しては、大学の研究者や JICA および JBIC の開発の実務家、現地でアンケート調査の実施を担ってくれた現地の専門家・コンサルタントや NGO の方々など、数多くの方にお世話になっており、この場を借りて厚く御礼申し上げたい。特に、それぞれの国でアンケート調査の実施を支援してくれた現地コンサルタントや NGO、若手研究者の皆さんには大変お世話になった。これらの方々の作業や支援がなければ、本書の調査は実施できなかった。

　第 1 章のカンボジアでの調査にあたっては、専修大学社会知性開発センターの研究プロジェクトである、文部科学省・私立大学戦略的研究基盤形成支援事業「持続的発展に向けての社会関係資本の多様な構築」（2009-13 年度）グループの先生方・事務の方々、特にまとめ役の原田博夫先生、2011 年にカンボジアの現地調査に 2 回にわたり同行した村上俊介先生にはお世話になった。また、現地でのアンケート票の配布・回収・集計の作業は、カンボジアの研究調査機関 CDRI（カンボジア開発資源研究所）の協力なくしては実施できなかった。また、2016 年 9 月のフォローアップ調査の際には、木村宏恒先生（名古屋大学名誉教授）やその研究グループと共に現地を訪れ、現地事情をより深く知ることができた。

　第 2 章の東ティモールの調査にあたっては、専修大学の個人研究費を使って 2012 年にパイロット調査を実施したのち、文部科学省科学研究費（基盤研究 C）「紛争後国における社会関係資本の実証的研究－カンボジアと東ティモールの比較分析」（2014-17 年度）の研究予算を使って 2014 年により規模の大きなアンケート調査を実施することができ、2017 年 3 月にはフォローアップのインタビュー調査と報告会を現地で開くことができた。東ティモールのアンケート調査の実施に際しては、現地 NGO である

RAEBIA の助力を得たが、特にシスト（Xisto Martins）所長には大変お世話になった。

第3章のベトナムでの調査は、ベトナム社会科学院社会学研究所の助力があってはじめて実施することができた。2014年に共に現地調査を実施した同研究所の Nguyen Thanh Thuy 女史をはじめ同研究所の研究者や助手の方には大変お世話になった。また、Dang Thi Viet Phuong さんは、別の北部農村の調査をもとに博士論文を執筆し（本学の嶋根克己先生が指導教授）、専修大学で博士の学位を取得できたことは大変喜ばしいことである。また、こうしたベトナム社会科学院との研究協力が可能となった背景には、上記の「持続的発展に向けての社会関係資本の多様な構築」プロジェクトという先行研究があったからである。

第4章の南ミンダナオの調査は、三菱総合研究所が JICA より受託した「平成21年度案件別事後評価：円借款パッケージ13（フィリピン）」の「南ミンダナオ沿岸地域環境保全事業」の評価作業がもとになっている。同評価調査のとりまとめ役であり、2009年に共に南ミンダナオでの調査に同行した三菱総合研究所主任研究員（当時）の水田慎一氏（その後国連職員となる）は、その前後にアフリカのアンゴラの調査で合計4回ほどご一緒した「戦友」のような方であり、大変お世話になった。また、南ミンダナオでの受益者調査を請け負ってくれたのは、ACE Philippines, Inc. というコンサルタント会社であるが、担当者は山間部や海岸沿いの17の村をバイクで回り、複数の異なる現地語を駆使してヒアリングを実施してくれた。

第5章のパキスタンでの調査は、早稲田大学国際戦略研究所が JICA より受託した「平成24年度案件別事後評価：パッケージ II-5 パキスタン国・アルジェリア国」（大門毅先生がとりまとめ役）のパキスタン「全国排水計画」の評価作業がもとになっている。私はその評価メンバーとしてパキス

タン案件評価を担当し、現地での受益者調査は二人の若手研究者に依頼した。そのうちの一人 Tahir Ali 氏は当時は研究所の研究員であったが、その時の農村でのインタビュー調査の経験を踏まえて農村研究をより深く学ぶことになり、フルブライト奨学金を得て 2017 年夏より米国に留学することができたことは私としてもうれしい出来事である。

　最後の第 6 章のスリランカの調査は、時期的にはいちばん古く、専修大学が当時の JBIC（国際協力銀行）より受託した「平成 18 年度円借款事業事後評価（スリランカ・バングラデシュ）」および「特定テーマ評価・通信セクターにおける民営化の効果－スリランカとバングラデシュ」調査がもとになっている。筆者がとりまとめ役となり、同僚の飯沼健子先生と小林守先生（当時三菱総合研究所主任研究員でありその後専修大学の教員となっている）と共に、2 カ国での調査を手分けしながら実施した。スリランカでのアンケート調査を委託したのは、経験豊富なコンサルタント会社である RDC（Resource Development Consultants Ltd.）である。

　また、上記のフィリピン、パキスタン、スリランカでの調査に際しては、当時の事業評価に関わった JICA 評価部、JBIC 開発事業評価室（当時）、JICA ／ JBIC 現地事務所の担当者、そして専修大学の学務課の担当者の方々には様々な形でお世話になった。あまりに多くの方々がいらっしゃるので、恐縮ながら氏名を載せることがかなわないことをお詫びしたい。もちろん、それら事業のカウンターパートである、フィリピンの DENR（環境天然資源省）と多くの PO の村長・住民、パキスタンの PID（パンジャブ州灌漑排水局）および FO の方々、スリランカの SLT（スリランカ・テレコム）や関連企業・住民の方々の協力にも感謝しなくてはならない。

　また、本書と関連して研究会などでともに議論し助言を頂いた研究者は数えきれない。これら多くの関係した方々には、この場をかりて厚く御礼

申し上げるとともに、本書のような形で私個人の単著として調査研究の成果を一般に公開することをご理解頂ければ幸いである。なお、本書の記述は私個人の見解・分析であり、内容に関する責任はすべて筆者個人にあり、相手国の政府機関、JICA や JBIC、あるいは調査を支援した研究機関や調査団体の立場や見解とは何ら関係がないことをお断りしておきたい。

　最後になるが、本書の出版にあたっては、専修大学より出版助成金として出版費の一部を補助してもらうことができた。また、明石書店の大江道雅社長、および原稿校正・編集作業を進めて下さった本郷書房の古川文夫氏には大変お世話になった。特に大江社長には、本書の出版にあたっていろいろと筆者の無理を聞き入れて下さり、いくら感謝してもしすぎることはない。原稿執筆には時間がかかったが、出版にいたることができたのは、これらの方々のおかげである。

　2017 年 9 月

稲 田 十 一

# 略語対照表

| 略語 | 正式名称 | 日本語訳 |
|---|---|---|
| ADB | Asian Development Bank | アジア開発銀行 |
| ARMM | Autonomous Region of Muslim Mindanao | ムスリム・ミンダナオ自治地域 |
| AWB | Area Water Board | 地域水利局 |
| BTTB | Bangladesh Telecommunication and Telephone Bureau | バングラデシュ電信電話総局 |
| CDRI | Cambodia Development Resource Institute | カンボジア開発資源研究所 |
| CPP | Cambodia People's Party | カンボジア人民党 |
| CRP | Cambodia Rescue Party | カンボジア救国党 |
| FO | Farmers Organization | 農民組織 |
| HDI | Human Development Index | 人間開発指数 |
| ICT | Information and Communication Technology | 電気通信技術 |
| ITU | International Telecommunication Union | 国際電気通信連合 |
| JBIC | Japan Bank for International Cooperation | 国際協力銀行 |
| JICA | Japan International Cooperation Agency | 国際協力機構 |
| LAP | Livelihood Assistance Program | 生計向上支援事業 |
| LTTE | Liberation Tigers of Tamil Ealam | タミル・イーラム解放のトラ |
| MBRW-MBA | Mainit-Balasiao River Watershed-Malalag Bay Area | マララグ湾・バラシオ流域 |
| MFI | Micro-finance Institution | マイクロファイナンス機関 |
| MILF | Moro Islamic Liberation Front | モロ・イスラム解放戦線 |
| MMPL-SBPS | Mt. Matutum Protected Landscape-Sarangani Bay Protected Seascape | サランガニ湾・マトゥトゥム山流域 |
| MNLF | Moro National Liberation Front | モロ国民解放戦線 |
| NDP | National Drainage Program | 全国排水路整備計画 |
| NGO | Non-governmental Organization | 非政府組織 |
| ODA | Official Development Assistance | 政府開発援助 |
| PID | Punjab Irrigation Department | パンジャブ州灌漑局 |
| PIDA | Punjab Irrigation and Drainage Agency | パンジャブ州灌漑・排水公社 |
| PIM | Participatory Irrigation Management | 参加型灌漑管理 |
| PO | People's Organization | 住民組織 |
| SLT | Sri Lanka Telecom | スリランカ・テレコム |
| SMICZMP | South Mindanao Integrated Coastal Zone Management Project | 南ミンダナオ沿岸地域環境保全事業 |
| SSN | Social Safety Net | 社会的安全網 |
| UNDP | United Nations Development Program | 国連開発計画 |
| UNICEF | United Nations Children's Fund | 国連児童基金 |
| UNTAC | United Nations Transitional Authority in Cambodia | 国連カンボジア暫定統治機構 |
| UNTAET | United Nations Transitional Administration in East Timor | 国連東ティモール暫定行政機構 |
| WAPDA | Water and Power Development Agency | 水利電力開発公社 |

［著者紹介］

稲田 十一（いなだ じゅういち）

広島県生まれ、東京大学教養学部国際関係論専攻課程卒業。
東京大学大学院社会学研究科（国際学修士）、同総合文化研究科博士課程単位取得
退学。野村総合研究所、日本国際問題研究所、山梨大学助教授、ハーバード大学
国際問題センター、世界銀行政策調査局および業務政策局、を経て、
現在、専修大学経済学部教授。

〔主要著書・編著〕
『紛争後の復興開発を考える――アンゴラと内戦・資源・国家統合・中国・地雷』（単
　著）創成社、2014 年。
『国際協力のレジーム分析――制度・規範の生成とその過程』（単著）有信堂、2013 年。
『開発と平和――脆弱国家支援論』（編著）有斐閣、2009 年。
『紛争と復興支援――平和構築に向けた国際社会の対応』（編著）有斐閣、2004 年。

社会調査からみる途上国開発
アジア6カ国の社会変容の実像

2017 年 10 月 20 日　初版第 1 刷発行

著　者　　稲　田　十　一
発行者　　石　井　昭　男
発行所　　株式会社　明石書店
　　　　　〒 101-0021　東京都千代田区外神田 6-9-5
　　　　　電　話 03（5818）1171
　　　　　ＦＡＸ 03（5818）1174
　　　　　振　替　00100-7-24505
　　　　　http://www.akashi.co.jp

装　　丁　　明石書店デザイン室
編集／組版　本郷書房
印刷／製本　モリモト印刷株式会社

連帯経済とソーシャル・ビジネス
貧困削減、富の再分配のためのケイパビリティ・アプローチ
池本幸生、松井範惇編著　●2500円

貧困克服への挑戦　構想　グラミン日本
グラミン・アメリカの実践から学ぶ先進国型マイクロファイナンス
菅正広　●2400円

東南アジアの紛争予防と「人間の安全保障」
武力紛争、難民、災害、社会的排除への対応と解決に向けて
山田満編著　●4000円

開発社会学を学ぶための60冊
援助と発展を根本から考えよう
佐藤寛、浜本篤史、佐野麻由子、滝村卓司編著　●2800円

新版　グローバル・ガバナンスにおける開発と政治
文化・国家政治・グローバリゼーション
笹岡雄一　●3000円

幸福の世界経済史
1820年以降、私たちの暮らしはどのような進歩を遂げてきたのか
OECD開発センター編著　徳永優子訳　●6800円

OECD幸福度白書3
より良い暮らし指標：生活向上と社会進歩の国際比較
OECD編著　西村美由起訳　●5500円

マイクロファイナンス事典
ベアトリス・アルメンダリズ、マルク・ラビー編
笠原清志監訳　立木勝訳　●25000円

開発なき成長の限界
現代インドの貧困・格差・社会的分断
アマルティア・セン、ジャン・ドレーズ著　湊一樹訳　●4600円

正義のアイデア
アマルティア・セン著　池本幸生訳　●3800円

不平等　誰もが知っておくべきこと
ジェームス・K・ガルブレイス著
塚原康博、馬場正弘、加藤篤行、鑓田亨、鈴木賢志訳　●2800円

格差と不安定のグローバル経済学
ガルブレイスの現代資本主義論
ジェームス・K・ガルブレイス著
塚原康博、鈴木賢志、馬場正弘、鑓田亨訳　●3800円

グローバル資本主義と〈放逐〉の論理
不可視化されゆく人々と空間
サスキア・サッセン著　伊藤茂訳　●3800円

ASEANを知るための50章
エリア・スタディーズ139　黒柳米司、金子芳樹、吉野文雄編著　●2000円

「米中対峙」時代のASEAN
黒柳米司編著　●2800円

ASEAN再活性化への課題
東アジア共同体：民主化・平和構築
共同体への深化と対外関与の拡大
黒柳米司編著　●2700円

〈価格は本体価格です〉